DUMONTS KLEINES GRILL LEXIKON

Zutaten · Rezepte · Tipps & Tricks

Roger Kimpel & Yara Hackstein

Edition
DÖRFLER

Alle in diesem Buch enthaltenen Angaben, Vorschläge etc. wurden von den Autoren nach bestem Wissen erstellt und von ihnen und dem Verlag mit größtmöglicher Sorgfalt überprüft. Gleichwohl sind inhaltliche Fehler nicht vollständig auszuschließen. Daher erfolgen die Angaben etc. ohne jegliche Verpflichtung oder Garantie des Verlags oder der Autoren. Eine Haftung der Autoren und des Verlags für Personen-, Sach- und Vermögensschäden ist ausgeschlossen.

Inhalt

Vorwort 6

Das heisse Vergnügen 8

Die Grill Basics 36

Ost- und Mitteleuropa 80

Mediterran 124

Östliches Mittelmeer 172

USA 210

Asien 254

Register der Rezepte 298

Sachregister 301

Bildquellen 304

Vorwort

Liebe Grillfreunde,

ein lauer Sommerabend: Die Kohle glüht im Grill, Getränke stehen kalt, Freunde kommen zusammen – die Party kann beginnen. Vor allem, wenn jeder Gast etwas Essbares zum Gelingen des Abends beisteuert, stehen dann häufig Bratwürstchen neben griechischem Salat, amerikanisches Rindersteak neben asiatischer Currysauce oder deutscher Kartoffelsalat neben mediterranen Knoblauchgarnelen.

So atmosphärisch solche Abende auch sind: Kein engagierter Koch käme auf die Idee, seinen Gästen ein wild zusammengewürfeltes Menu zu servieren – genau das aber passiert oft beim Grillen. Dabei ist es ganz einfach, einen fröhlichen Grillabend als ähnlich kulinarisches Ereignis zu gestalten.

Im Mittelpunkt dieses Buches stehen deshalb fünf „Grillwelten", die Grillspezialitäten aus den wichtigsten Kochregionen Europas – dem westlichen und östlichen Mittelmeerraum sowie Mittel- und Osteuropa –, und den Küchen Amerikas und Asiens vorstellen. Hier steht zusammen, was zusammen passt – und dazu gehören nicht nur Fisch- und Fleischrezepte, sondern auch warme Beilagen und frische Salate.

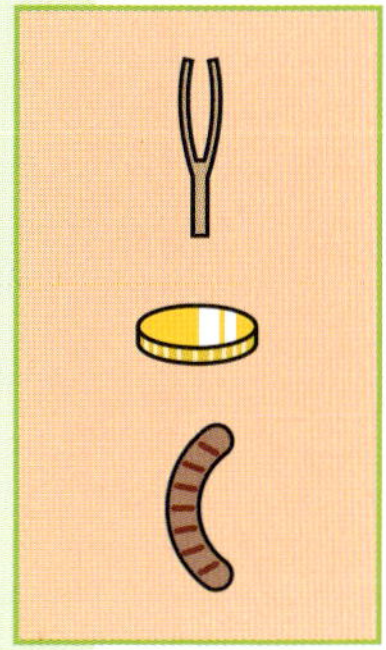

Zu allen Rezepten gibt es einen kleinen Info-Kasten, der anhand von drei Symbolen über den Schwierigkeitsgrad beim Zubereiten, den Preis für die Zutaten und das „kulinarische Gewicht“ informiert:

- Ein bis drei GRILLGABELN: Einfach, etwas aufwändiger und schwieriger zuzubereiten.
- Ein bis drei GOLDSTÜCKE: Preiswert, etwas teurer und teure Zutaten.
- Ein bis drei BRATWÜRSTE: Leichte, mittelschwere und schwere Kost.

Bei jeder Grillwelt finden sich sowohl einfache als auch schwierigere, preiswerte und teure sowie leichte und schwere Gerichte. Die Rezepte sind für vier Personen ausgerichtet.

Aber ganz gleich, wofür Sie sich entscheiden: Empfehlenswert und lecker sind alle Rezeptvorschläge. Und dass dies so ist, dafür bürgen allein schon die Fotos der Gerichte. Das besondere an ihnen ist, dass sie nicht künstlich geschönt sind, sondern alles genau so fotografiert wurde, wie es vom Grill oder aus der Küche kam.

Natürlich sind sie alle mit Liebe gegrillt, angerichtet und dekoriert sowie professionell fotografiert worden: Aber wenn man sich an die Rezepte hält, frische Zutaten verwendet und sich auch beim Anrichten etwas Mühe gibt, dann sehen die selbst gegrillten Gerichte genauso aus wie auf den Fotos. Und – last but not least – sie schmecken auch so lecker, wie sie aussehen!

In diesem Sinne: Guten Appetit!

Das heiße Vergnügen

Faszination Feuer

„Am Anfang war das Feuer.“ Auf so viele Entwicklungen der Menschheitsgeschichte dieser berühmte Satz auch zutreffen mag – für eine gilt er ganz besonders: Für die Geschichte der Kochkunst. Kulinarische Köstlichkeiten sind ohne Flammen und Glut einfach nicht denkbar – und die Zubereitung von Speisen am Feuer ist deshalb die ursprünglichste Art, ein warmes Essen auf den Tisch zu bringen.

Dass das Grillen weltweit zu den beliebtesten Zubereitungsarten von Fleisch, Fisch und Gemüse zählt, ist sicherlich ganz wesentlich auf dieses archaische Grundmotiv zurückzuführen. Ob in Asien oder Amerika, in Mitteleuropa oder in Russland: Überall ist während der Sommermonate das Braten auf dem Grillrost ein oft und gern zelebriertes Kochvergnügen.

Das große Spektrum an Kochmöglichkeiten, das vom Garen direkt in der Glut über das Braten auf dem Rost bis hin zum indirekten Grillen reicht, ermöglicht eine ungeheure Vielzahl an Rezepten und Zubereitungsarten. So ist Grillen weit mehr als nur eine besondere Variante der Erwärmung: Es ist eine eigenständige „Küche“, die ganz individuelle, einzigartige Geschmackserlebnisse ermöglicht.

Der richtige Grill

Die Qual der Wahl

Das Grillvergnügen steht und fällt mit dem richtigen Grill. Dabei hat man die Wahl zwischen drei Energiearten: Holzkohle, Gas und Strom. Jede Grillart hat dabei ihre ganz eigenen Vorzüge und Nachteile.

Holzkohlegrills

Holzkohlegrills vermitteln das ursprünglichste Grillvergnügen, lassen sich hier doch Feuer, Glut und Hitze ganz unmittelbar erleben. Allerdings: Diesem Vergnügen steht ein hoher Aufwand (Besorgen der Kohle, Anfeuern, Reinigung und Entsorgung der Kohle) sowie Gesundheitsgefahren (siehe auch S. 30) gegenüber.

Dennoch ist das Grillen mit Holzkohle für viele Menschen das A und O des Barbecues. Für sie ist Grillen ohne die offene Flamme und das Knistern beim Anfeuern, sowie die Rauchschwaden mit dem typischen Geruch während des Grillens undenkbar. Entsprechend groß ist das Angebot an unterschiedlichen Grills:

- OFFENE FEUERSTELLE: Holz wird verbrannt und über die Glut dann ein Rost gelegt. So romantisch dies sein mag: Die Grillglut lässt sich nur schwer kontrollieren und das Grillen selbst erfordert viel Erfahrung.

- DREIBEINGRILL: Der klassische, preiswerte Standardgrill zeichnet sich durch den in der Höhe verstellbaren Grillrost aus. Die Hitze der Glut selbst lässt sich zwar nur schwer kontrollieren – aber durch den verstellbaren Rost fällt es leicht, perfekt zu grillen.

Darauf kommt es beim Grillkauf an

- Sicherer, fester Stand.
- Stabile Konstruktion.
- Sicherheitsnachweis durch unabhängige Prüfinstitutionen oder Prüfsiegel.
- Hochwertige, nicht rostende Materialien oder Beschichtungen.
- Möglichst großer und möglichst separat herausnehmbarer Auffangbehälter für die Asche.
- Nachkaufmöglichkeit für Grillroste.
- Eventuell nachrüstbare Zusätze wie z.B. einen Drehspieß.

- SÄULENGRILL: Unterhalb der Feuerschale befindet sich ein Kamin, über den der Kohle von unten Luft zugeführt wird. Die Luftzufuhr ist regelbar, was ein genaueres Dosieren der Hitze ermöglicht. Der Rost ist in der Höhe verstellbar, was das Grillen selbst insgesamt sehr vereinfacht.

- SCHWENKGRILL: Der Grillrost liegt nicht auf, sondern hängt an einer Kette. Diese wird zumeist von einem dreifüßigen Gestell gehalten. Schwenkgrills können direkt über einer Feuerstelle oder einer Schale mit Holzkohle aufgestellt werden. Durch die Kette ist der Rost in der Höhe verstellbar, was das Grillen vereinfacht. Da die Grills meist besonders groß sind, eignen sie sich vor allem für größere Grillpartys.

- KUGELGRILL: Sie gelten als die Profigrills schlechthin, da sie sich wie ein Backofen verwenden lassen. Die Grillschale ist rund und mit einem Deckel verschließbar. Der Deckel reflektiert und hält die Hitze, sodass das Grillgut auch von oben gegart wird. Unterhalb der Schale befindet sich eine regelbare Luftzufuhr, die ein genaues Dosieren der Hitze ermöglicht. Zudem lässt sich die Abluft im Deckel

regulieren. Schließlich kann in der Grillschale die Holzkohle auch seitlich eingebracht werden, was das indirekte Grillen (siehe S. 17) ermöglicht. Nachteilig ist, dass sich der Grillrost nicht in der Höhe verstellen lässt.

- GRILLKAMINE: Gemauerte Kamine gibt es in unterschiedlichen Ausführungen mit festem Untergrund für die Glut, verstellbarem Rost und dekorativem, hohem Kamin. Sie sind als Bausätze zum freien Aufstellen im Garten oder als Einsätze für den Anbau ans Haus erhältlich. Von den Grilleigenschaften ähnlich zu bewerten wie Dreibeingrills.

- GRILLWAGEN: Die sehr praktischen Grills sind fahrbar und haben in der Regel seitlich des Grills Ablageflächen. Die Feuerschalen oder der Rost lassen sich in der Höhe verstellen.

Neben diesen Standardvarianten führt der Handel noch eine ganze Reihe weiterer Grills. So sind derzeit beispielsweise so genannte Aztekenöfen aus Keramik beliebt. Etwas aus der Mode gekommen sind hingegen Gussgrills aus Eisen oder Aluminium.

Einige Grillfans schwören auf Azado, eine südamerikanische Grillart, bei der eine Grube ausgehoben und mit Holz oder Kohle gefüllt wird. Die Fleischstücke steckt man seitlich der Grube auf in den Boden gerammte Holzspieße. Und schließlich gibt es dann noch genug Fans, die eigene Grills entwerfen und bauen – und natürlich dann auf diese schwören!

Räuchern mit dem Smoker

Bei einem Smoker wird Hitze in seitlichen Feuerkammern entzündet und dann der heiße Rauch in eine geschlossene Garkammer mit dem Grillgut geführt. So erhält es den typischen Rauchgeschmack. Da Smoker nur eine geringe Hitze von bis zu 100 °C erreichen, dauert das Zubereiten bis zu 24 Stunden.

Indirektes Grillen

Indirektes Grillen ist die gesunde Art, Grillgut mit einem Holzkohle-Kugelgrill zuzubereiten. Die Grillkohle wird nicht unterhalb des Grillrostes, sondern seitlich von ihr angeordnet (im Foto Quickgriller). So kann kein Fett in die Glut tropfen und das vermeidet gesundheitsschädliche Dämpfe. Damit das Ganze funktioniert, muss der Kugelgrill geschlossen sein. Der Deckel reflektiert die Hitze – das Grillgut wird von allen Seiten gleichmäßig „gegart" und muss nicht gewendet werden. Indirektes Grillen kommt so dem Garen in einem Backofen mit Umluft sehr nahe. Fisch und Fleisch werden sehr weich und zart, haben aber im Vergleich zum Backofen ein intensiveres Aroma. Indirektes Grillen eignet sich besonders für Rezepte mit längeren Garzeiten, weil hier keine Gefahr des Anbrennens besteht.

Gasgrills

Gasgrills haben gegenüber Holzkohlegrills viele entscheidende Vorteile: Es entwickelt sich kein Rauch, der Nachbarn stören könnte. Gesundheitsgefahren durch in die Glut tropfendes Fett sind ausgeschlossen. Und es muss keine Asche entsorgt werden, was die Reinigung erheblich vereinfacht.

Vor allem aber ist ein Gasgrill sofort einsatzbereit – das lange Warten, bis die Kohle durchgeglüht ist, entfällt also. Die Temperatur lässt sich bei guten Geräten feinfühlig dosieren – ähnlich wie bei einem Gasherd. Die Hitze verteilt sich zudem sehr gleichmäßig unter dem Rost. Zudem gibt es Geräte mit Deckel, sodass auch indirekt gegrillt werden kann.

Der Umgang mit dem Gas – in der Regel benutzt man Propangasflaschen – ist viel problemloser als mit der Holzkohle und bei sachgemäßem Umgang sogar ungefährlicher. Top-Geräte starten dank Piezozünder sogar auf Knopfdruck.

Bei diesen Vorteilen wundert es nicht, dass sich die Geräte vor allem bei Profiköchen größter Beliebtheit erfreuen. In einigen Ländern haben Gasgrills sogar längst den Kohlegrills den Rang abgelaufen – z.B. in Spanien. Hier steht die Planta, eine gasbetriebene, große, fest installierte Grillplatte, ganz oben auf der Wunschliste von Gartenbesitzern.

Das Gerätespektrum bei Gasgrills ist breit: Es reicht vom einfachen, kleinen Campinggrill über tragbare oder fahrbare Komfortgrills bis hin zum fest installierten, großen Gartengrill. Preis- und Qualitätsunterschiede zeigen sich nicht nur in der Größe, der Verarbeitung oder dem Design, sondern vor allem auch in der Gastechnik. Empfehlenswerte Geräte lassen sich vor allem präzise, komfortabel und sicher handhaben. Topgeräte beispielsweise verfügen nicht nur über einen Piezoanzünder, sondern auch über Ablageflächen oder einen Deckel für indirektes Grillen.

Bei einigen Modellen legt man Lavasteine oder Keramikbriketts unter den Grillrost. Diese speichern und verteilen die Hitze und erzeugen so auch ein ganz klein bisschen das Gefühl, „richtig“ zu grillen. Denn darin liegt unbestreitbar der Nachteil von Gasgrills: Auf die Atmosphäre, die von der glühenden Holzkohle ausgeht und auf den typischen Rauchgeschmack muss man hier verzichten.

Einfache Reinigung

Zu den Vorteilen des Gasgrills gehört auch die einfache Reinigung – es muss keine Asche entsorgt werden. Das Anbrennen von Fleisch oder Fisch auf dem Rost kann man übrigens minimieren, wenn man diesen vor dem Grillen mit Speiseöl einpinselt.

Elektrogrills

Elektrogrills haben den Vorteil, dass man für sie weder Kohle noch Gas benötigt. Somit sind sie jederzeit einsatzbereit und empfehlen sich damit für kleinere, spontane Grillanlässe. Weil sie sich problemlos handhaben lassen, kann man sie direkt auf den Tisch stellen und so auch im Haus grillen – und das wetter- und saisonunabhängig. Eine Wasserschale unter den Heizstäben fängt abtropfendes Fett und Fleischsaft auf; das unterbindet zugleich eine Geruchsbelästigung.

Diesen Vorteilen stehen allerdings auch Nachteile gegenüber: Die Grillfläche ist meistens relativ klein – für eine Party beispielsweise benötigt man schon mindestens zwei Geräte. Ausreichend Hitze stellen nur leistungsstarke und damit teurere Geräte zur Verfügung – und auch die Energiekosten sind hoch. Schließlich muss man hier – wie bei den Gasgeräten auch – auf den grilltypischen Rauchgeschmack beim Grillgut verzichten.

DIE RECHTLICHEN ASPEKTE

Die rechtlichen Aspekte beim Grillen betreffen die Feuergefahr, die vor allem von Holzkohlegrills ausgeht, sowie die Geruchsbelästigung, die empfindliche Nachbarnasen als störend empfinden können.

Auch wenn es länderweit keine einheitlichen Regelungen gibt, so ist doch meist das Grillen mit Holzkohlegrills auf Balkonen oder Terrassen in Mehrfamilienhäusern untersagt. Erlaubt ist hingegen der Betrieb von Elektrogrills, meist auch der von Gasgeräten. Bei letzteren ist der sachgemäße Umgang – vor allem auch mit der Gasflasche – zwingend notwenig, um Schaden zu vermeiden.

Bezüglich der Geruchsbelästigungen durch das Grillen gilt: Holzkohlegrills sollten möglichst weit entfernt von Nachbargrundstücken aufgestellt und betrieben werden.

Der sachgemäße Umgang mit dem Grill wird vor allem dann relevant, wenn ein Schaden entsteht. Dann kann es sein, dass Versicherungen Schadensersatzforderungen abweisen, wenn ein unsachgemäßer Umgang mit dem Grill nachgewiesen werden kann.

Richtig Grillen

Grillen mit Holzkohle & Briketts

Im Gegensatz zum Kochen oder Backen in der Küche wird der Geschmack von Gegrilltem nicht allein durch die Qualität der Zutaten, dem Rezept und der Kochkunst des Grillmeisters bestimmt, sondern vor allem auch durch die Befeuerung des Grills. Dabei kommt es entscheidend auf die Qualität der Holzkohle und die Temperatur der Glut an.

Holzkohle

Die klassische Methode der Holzkohlengewinnung ist das Carbonisieren von Holz in Meilern bei geringstmöglicher Sauerstoffzufuhr, dem so genannten Meilerverfahren. Die meiste Holzkohle wird heute jedoch in Brennkammern bei Temperaturen von 450 bis 550 °C industriell hergestellt (Retortenverfahren).

Die Güte der Holzkohle hängt entscheidend vom verwendeten Holz ab. Besonders wichtig ist, dass es sortenrein ist – also dass z.B. nur Buche verwendet wird. Das Vermengen von Hölzern führt zu Qualitätseinbußen. Nachteilig ist darüber hinaus, wenn die Kohlestücke nicht annähernd gleichmäßig groß sind.

Briketts

Bei der Herstellung von Briketts werden kleine Holzkohlestückchen und Holzkohlestaub mit Hilfe pflanzlicher Stärke unter hohem Druck in Form gepresst. Dabei verwendet man in der Regel Weizen- oder Kartoffelstärke. Die Briketts haben gegenüber der Kohle die Vorteile, dass sie länger brennen und eine höhere Hitze erzeugen. Dafür sind sie aber etwas schwieriger zu entzünden. In den Briketts von Billiganbietern findet sich nicht selten z.B. minderwertiger Braunkohlestaub, was den Brennwert mindert.

Qualität hat ihren Preis

Da man anhand der Verpackung nur wenig Aufschluss über die Qualität der Holzkohle erhält, greift man am besten zu teureren Produkten. Denn auch hier gilt: Qualität hat ihren Preis. Markenher-

Kokosnussschalen

Als Alternative zur Holzkohle bietet sich Kohleersatz aus Kokosnussschalen an. Diese Kokosnusskohle brennt sehr viel länger und heißer als Holzkohle.

steller bieten darüber hinaus ihre Produkte zum Teil in verschiedenen Qualitäts- und Preiskategorien an. Für das perfekte Grillen gilt deshalb: Lieber etwas mehr ausgeben als sich hinterher ärgern.

Holzkohle anzünden

Wie man Holzkohle richtig entzündet, darüber lässt sich trefflich streiten, denn es stehen mehrere Möglichkeiten zur Wahl. Dabei gilt: Kohle lässt sich leichter entzünden als Briketts oder gar Kokosnussschalen. Man kann durchaus erst Holzkohle entzünden und anschließend Briketts dazu geben.

- GRILLANZÜNDER: Die Verwendung von Grillanzündern ist die einfachste und ungefährlichste Art, einen Grill zu entzünden: Je nach Größe des Grills mehrere Anzünder in die Kohle stecken und dann mit einem langen Zündholz entzünden.

- FLÜSSIGANZÜNDER: Bei der Verwendung von Flüssiganzündern – z.B. auf Spiritusbasis – ist höchste Vorsicht geboten (siehe auch S. 28). Briketts oder Kohle mit dem Anzün-

der tränken, kurz einwirken lassen und dann mit einem langen Zündholz entzünden. Den Anzünder weit entfernt vom Grill aufbewahren und nie Flüssiganzünder in die Glut gießen!

- HEISSLUFTFÖN: Den Heißluftfön in die Kohle halten und warten, bis sich diese entzündet. Den Vorgang an mehreren Stellen wiederholen. Dabei darauf achten, dass keine Plastikteile am Fön zu großer Hitze ausgesetzt sind und schmelzen.

Neben diesen Methoden gibt es viele weitere Arten, die Kohle anzufeuern, wie z.B. mit einem Gasbrenner oder einer Lötlampe. Der Handel führt zudem eine Reihe von Spezialprodukten wie z.B. elektrische Anzünder.

Anzündkamine

Für alle, die schnell und sicher Holzkohle entzünden möchten, bietet der Handel spezielle Anzündkamine an: In den Behältern wird die Holzkohle zunächst vorgefeuert, was deutlich schneller als im Grill geht. Hat die Glut die richtige Hitze erreicht, füllt man die Kohle in den Grill um.

Die richtige Glut

Um vor allem Fleisch perfekt anbraten zu können, muss die Hitze sehr hoch sein. Denn nur wenn die Glut ausreichend heiß ist, bildet sich schnell eine Kruste, die das Austreten des Fleischsafts – und damit auch von Nährstoffen sowie Mineralien – verhindert. Deshalb muss vor allem beim Auflegen des Grillgutes die Glut eine relativ gleichmäßige, hohe Hitze aufweisen.

Die richtige Hitze ist erreicht, wenn Holzkohle oder Briketts einen leichten weißen Ascheüberzug aufweisen. Wichtig ist, dass die gesamte Kohle gleichmäßig durchglüht und so unter dem Grillrost eine flächige, gleich starke Hitze abgibt. Bei den meisten Anzündmethoden ist dies nach rund 25 Minuten der Fall.

Wenn die Hitze der Glut nachlässt, schiebt man die Glut in der Mitte des Grills zusammen und füllt an den Rändern neue Holzkohle nach. Umgekehrt kann man die Hitze im Grill reduzieren, wenn man die Glut nach außen zu den Rändern schiebt. Hilfreich ist dabei die Schaufel eines Kaminbestecks.

Gluthitze testen

Wer die Hitze der Glut überprüfen will, hält die flache Hand gut zehn Zentimeter über die Holzkohle. Wenn man bereits nach 1 bis 2 Sekunden die Hand zurückziehen muss, ist die höchste Hitze erreicht – perfekt fürs Anbraten. Die Glut ist so lange heiß genug, wie man die Hand nicht länger als 5 Sekunden über dem Grill halten kann. Diese Hitze reicht für das Garen des Grillguts aus. Kann man die Hand länger über die Glut halten, sollte Kohle nachgelegt werden.

Die wichtigsten Sicherheitsregeln

- Niemals Spiritus, andere brennbare Flüssigkeiten oder flüssige Grillanzünder in ein brennendes Feuer oder in die heiße Glut schütten! Es entstehen lebensgefährliche Stichflammen und die Flaschen können in der Hand explodieren.
- Kinder von heißer Glut / Feuer fern halten!
- Den Grill immer standsicher aufstellen!
- Darauf achten, dass der Grill eben und stabil steht!
- Den heißen Grill nicht bewegen oder versetzen!
- Den Grill nie unbeaufsichtigt lassen!
- Bei Verwendung von Gas nicht nur das Ventil, sondern auch immer die Flasche zudrehen!
- Zu brennbaren Gegenständen wie z. B. Gartenmöbeln mit Posterbezügen muss immer genügend Sicherheitsabstand eingehalten werden!
- Bei Funkenflug Augen schließen!
- Heiße Gegenstände (Grill, Zange, etc.) ausschließlich mit Handschuhen anfassen!
- Beim Grillen langstieliges Grillbesteck mit Holz- oder Kunststoffgriffen verwenden, um die Verbrennungsgefahr zu mindern!
- Nach dem Grillen: Restglut mit Wasser löschen und in nicht brennbare geschlossene Behälter (keine Kartons oder Kunststoffbehälter!) geben! Keine heiße Asche in Kunststoff-Abfalleimer füllen.
- Restglut: Weiter verwendbare Restkohle im Grill belassen. Die Luftzufuhr durch Abdecken mit Deckel oder Metallverschluss unterbinden!

Gesundes Grillvergnügen

Der Duft nach Holzkohlenfeuer und geröstetem Fleisch lässt einem das Wasser im Munde zusammenlaufen und macht hungrig. Doch so herrlich es duftet und so köstlich es schmecken mag: Damit der Genuss von Gegrilltem die Gesundheit nicht beeinträchtigt, sollten einige Tipps beachtet werden.

Ganz oben dabei steht, dass kein oder möglichst wenig Fett in die Glut tropfen sollte. Denn beim Verbrennen des Fetts entstehen gesundheitsgefährdende Stoffe, wie z.B. Benzypren. Diese Stoffe steigen mit dem Rauch nach oben und lagern sich am darüber liegenden Grillgut ab.

Dieser Effekt lässt sich durch einfache Maßnahmen vermeiden: Zum einen empfehlen sich magere Fleischsorten wie beispielsweise Geflügelschnitzel, Lammkoteletts, oder auch mageres Rindfleisch.

Wer auf durchwachsenere Fleischstücke nicht verzichten will, kann aber auch das Fleisch in einer Aluschale grillen oder den Grillrost mit fester Alufolie abdecken, sodass erst gar kein Fett herabtropfen kann. Grundsätzlich sollte man mit dem Grillen erst beginnen, wenn die Kohle richtig durchgeglüht ist und hellrot unter einer weißen Ascheschicht leuchtet. Von mariniertem Fleisch sollte vor dem Grillen die Flüssigkeit abgetropft sein und zu dunkel geratene Fleischstücke oder gar verkohlte Teile sollte man nicht mehr essen.

Grundsätzlich zum Grillen ungeeignet ist zudem gepökeltes Fleisch, wie beispielsweise Kasseler oder auch gepökelter Schinken, da es mit Nitritpökelsalz behandelt wurde. Durch die hohen Temperaturen beim Grillen können bei diesen Fleischarten krebserregende Nitrosamine entstehen. Wer ganz sicher gehen will, dass Fleisch nicht gepökelt wurde, sollte es beim Metzger kaufen.

Wer nicht auf den typischen Geruch und die Atmosphäre von glühender Holzkohle verzichten möchte, kann – gesundheitlich unbedenklich – indirekt Grillen (siehe S. 17). Hier tropft das Fett meist gar nicht in die Glut, sodass sich kaum gesundheitsschädlicher Rauch entwickeln kann.

GESUND: GAS UND ELEKTROGRILLS

Ganz auf der gesunden Seite ist man beim Grillen mit einem Elektro- oder Gasgrill, wobei hier der bei den meisten Grillfreunden beliebte und daher gewünschte typische Holzkohlengeschmack auf der Strecke bleibt.

Das richtige Zubehör

Sicher und einfach grillen

Mit dem passenden Zubehör macht Grillen gleich doppelt so viel Spaß – und dementsprechend groß ist das Angebot. Sinnvoll sind vor allem Zubehörteile, die die Verbrennungsgefahr minimieren und das Garen vereinfachen.

Wichtigstes Werkzeug ist dabei eine lange Grillzange, die das Auflegen und Wenden des Grillguts vereinfacht. Je länger die Zange ist, desto gefahrloser lässt sich auch Grillgut in der Mitte des Rosts wenden, weil die Hand weiter entfernt von Rost und Hitze bleibt. Beim Kauf sollte man darauf achten, dass die Zange gut greift. Sie sollte zudem nach Möglichkeit aus rostfreiem Material gefertigt sein.

Besonders komfortabel ist ein Grillbesteck, zu dem neben der Zange auch ein Wender und eine Gabel gehören. Der Wender erleichtert es erheblich, Grillgut vom Rost abzunehmen und mit der Gabel kann man vor allem den Gargrad von Fisch prüfen (siehe S. 66).

Die größte Gefahr während des Grillens geht von der Gluthitze aus. Wenn man direkt über den Grill greift, verbrennt man sich leicht die Hand. Deshalb empfiehlt sich ein spezieller, feuerfester Grillhandschuh.

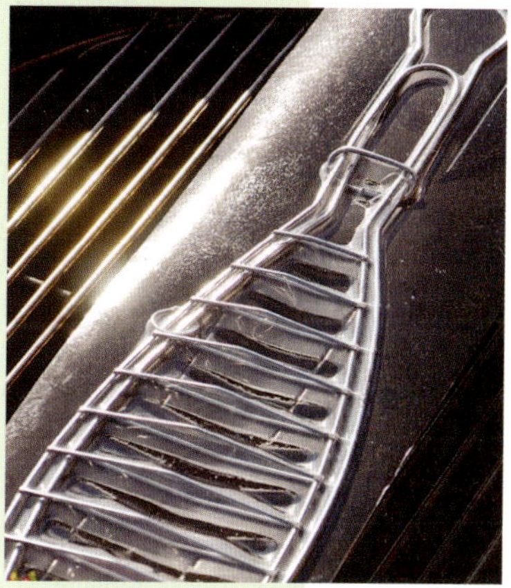

Das Wenden von Fisch erleichtern so genannte Fischkörbe, in die die Meerestiere eingelegt werden. Diese Körbe bietet der Handel in verschiedenen Größen an. Man erhält sie nicht nur in Fischform für einzelne Fische, sondern auch in quadratischer Form für mehrere Tiere. Mittlerweile gibt es das praktische Zubehör auch für Fleisch.

Zum Grillen von Fleisch- oder Gemüsespießen benötigt man sehr lange Spieße, die nach Möglichkeit über einen Holz- oder Plastikgriff verfügen sollten. Denn beim Grillen heizt sich der Stahl des Spießes auf – ohne Griff besteht dann Verbrennungsgefahr. Besonders empfehlenswert sind breite Doppelspieße, die das Grillgut besonders sicher greifen.

Neben diesem allgemeinen Zubehör gibt es besonders von Markenherstellern ganz spezielles Zubehör für ihre Grills. Dazu gehören beispielsweise lange Drehspieße, die zum Teil motorgetrieben sind.

Beim Grillen erweisen sich vor allem Ablagen für rohes Grillgut oder fertige Speisen als praktisch. Für einige Grills gibt es spezielle Ablagen, die direkt am Grill montiert werden können. Besonders umfangreich ist diesbezüglich vor allem das Angebot für Grillwagen von Markenherstellern.

Leichtes Reinigen

Erst das Vergnügen, dann die Arbeit: Und die ist beim Grillen vor allem mit dem Reinigen des Rosts verbunden. Der sollte nach jedem Grillen möglichst gründlich gereinigt werden.

Besonders einfach fällt dies mit speziellen Grillreinigungs-Stahlbürsten mit Griff. Dieser ermöglicht es auch, bereits während des Grillens den Rost zu reinigen – z.B. um nach dem Grillen von Fisch zu verhindern, dass Fischrückstände auf dem Rost den Geschmack von anderem Grillgut beeinträchtigen.

Wer keine solche Bürste besitzt, greift am besten zu Stahlwolle. Am leichtesten geht dabei das Reinigen unter fließendem, heißem Wasser.

Grill schonen

Wer sich das Reinigen der Feuerschale beim Holzkohlegrill sparen möchte, legt unter die Holzkohle Alufolie. Diese wird nach dem Grillen mit der Asche entsorgt.

Die Grill Basics

Frisch auf den Grill

Ob ein kleiner Grillabend im Familienkreis oder eine aufwändige Grillparty für viele Freunde – Gelingen und Geschmack des Essens hängen vor allem von der Frische und der Qualität der Zutaten ab. Grundsätzlich sollte man nicht nur Fleisch und Fisch, sondern auch Gemüse oder Salat so frisch – und damit so spät – wie möglich kaufen. Erntefrische Zutaten bekommt man beim Bauern oder auf vielen Märkten; Fisch und Fleisch sollte man im Fachgeschäft kaufen.

Entscheidend ist zudem, dass die Lebensmittel bis zur Verarbeitung bzw. bis zum Verzehr richtig gelagert werden. Gerade im Sommer müssen nicht nur Fleisch und Fisch, sondern auch Salate und Gemüse in den Kühlschrank.

Treffen sich viele Personen zum Grillen, braucht man unter Umständen mehrere Grillgeräte. Geschickt kann es dann sein, größere Fleischstücke im Kugelgrill, andere direkt über Holzkohle zu grillen.

HEINZ

CHECKLISTE FÜR DIE GRILLPARTY

- 2 WOCHEN: Gäste einladen (mit Rückantwort).

- 1 WOCHE: Nachbarn informieren, Grill und Zubehör überprüfen, Tische und Stühle organisieren, Dekorationsmaterial auswählen und besorgen, Rezepte auswählen. Einkaufs- und Getränkeliste schreiben, Fleisch, Fisch, Brot bestellen.

- 4 TAGE: Holzkohle, Grillanzünder oder Gas besorgen, haltbare Lebensmittel (Getränke, Fertigsaucen, Knabbereien etc.) einkaufen.

- 1 TAG: Frische Lebensmittel kaufen, erste Marinaden zubereiten und größere Fleischstücke marinieren, Saucen zubereiten und abgedeckt kühlen, haltbare Salate (Kartoffel-, Nudelsalat o.ä.) zubereiten, Getränke kühlen, Zusatztische/Stühle abholen.

- 6 STUNDEN: Brot abholen, restliche Marinaden, Salate und Gemüse (ohne Dressing), Fleisch und Fisch vorbereiten, marinieren und kühlen; Tische, Stühle, Buffet aufbauen, dekorieren, Grill vorbereiten.

- 1 STUNDE: Grill anzünden, Beilagen, Gewürze, Getränke bereitstellen.

- KURZ VOR BEGINN: Salate anrichten, Buffet fertig arrangieren, Grillgut bereitstellen.

Gegrillte Desserts

Zum krönenden Abschluss lassen sich auch auf dem Grill köstliche Desserts zubereiten. Im Sommer bieten sich für das süße Finale natürlich frische Früchte an – in Kombination mit Eis und Sahne sind sie besonders heiß begehrt.

Obst, das direkt auf dem Rost gegrillt wird, sollte möglichst festfleischig sein. Zu empfehlen sind neben Äpfeln, Birnen, Pfirsichen, Aprikosen oder Zuckermelonen auch exotische Früchte wie Ananas, Mangos und ganz besonders Bananen.

Grundsätzlich muss Obst vor dem Grillen gewaschen und von Kernen oder Stielen befreit werden. Bananen allerdings können direkt in der Schale auf den Grill gelegt werden. Ist diese dann schwarz, schneidet man die Frucht längs auf und kann sie bequem auslöffeln.

Alternativ kann man die Banane auch längs halbiert zunächst mit der Schnittfläche nach unten anrösten, dann wenden und noch einige Minuten weiter grillen. Zudem kann man die Frucht mit etwas Honig und Sesam, einigen Tropfen Likör oder auch mit Schokoladenstreuseln verfeinern.

Äpfel und Birnen lassen sich gut mit Schale grillen, ganze Früchte kann man – wie Bratäpfel – füllen und dann indirekt grillen. Äpfel eignen sich aber auch dazu, in dicken Scheiben auf den Grillrost gelegt und – ganz zum Schluss mit etwas Zucker bestreut – karamellisiert zu werden. Außerdem bietet es sich an, verschiedenste Früchte auf einem Spieß zusammenzustecken. Hierzu sollte man Holzspieße verwenden, die zuvor mindestens eine halbe Stunde in Wasser geweicht wurden, damit sie beim Grillen nicht anbrennen.

Besonders bei Kindern sind Desserts mit Schokolade der Renner, die zum Beispiel auf süßem Brot oder Kuchen auf dem Grill zum Schmelzen gebracht wird. Eine Kugel Eis setzt solchen Desserts eine eiskalte Krone auf.

Fleisch

Qualitätsbewusst einkaufen

Damit das Grillvergnügen zu einem kulinarisch ungetrübten Genuss wird, sollte man gerade beim Grillfleisch auf optimale Qualität achten. Also: Lieber beim guten Metzger etwas mehr bezahlen, als sich z.B. über geschrumpfte oder zähe Steaks zu ärgern. Gutes Fleisch erkennt man nicht nur an der Farbe – es sollte auch nicht im eigenen Saft schwimmen. Denn dann enthält es zu viel Wasser und schrumpft beim Grillen.

Auch wenn dicke Fettschichten oder -ränder heute grundsätzlich beim Fleischkauf eher unerwünscht sind: Beim Grillen sorgt eine feine Marmorierung für zarte, saftige und auch aromatische Ergebnisse. Zu mageres Fleisch hingegen trocknet schnell aus. Je dünner Fleischscheiben geschnitten sind, desto schneller sind sie gar. Dementsprechend verkürzt sich die Grillzeit, ein nicht zu unterschätzender Vorteil, wenn man für viele Gäste auf einem kleinen Grill grillt.

Grundsätzlich braucht man Fleisch auf dem Grill nicht häufig zu wenden – damit es nicht verbrennt, kann man es erst über starker Hitze angrillen und dann gegebenenfalls etwas zur Seite legen, um die Hitze zu reduzieren. Alternativ kann auch der Rost höher gesetzt werden. Falls Fettränder beim Grillen dennoch anbrennen, sollte man diese vor dem Essen abschneiden.

Gewendet werden sollte Fleisch immer nur mit einer Grillzange und nicht mit einer Gabel – sie verletzt das Fleisch, wertvoller Saft läuft heraus und das Fleisch trocknet aus. Damit z.B. eiweißreiches Geflügel nicht am Grillrost anklebt, sollte man es zuvor dünn mit Öl bepinseln. Dies erübrigt sich, wenn das Fleisch in einer Ölmarinade eingelegt wurde. Alternativ kann man auch den Rost leicht mit Öl bepinseln. Inzwischen sind auch Sprühfette erhältlich, die man dünn auf den Grillrost sprüht.

Rindfleisch

Ein rosa gegrilltes Filet, ein saftiges Hüftsteak oder ein riesiges Porterhouse-Steak: Das im Geschmack etwas kräftigere Fleisch zu grillen ist sehr beliebt, allerdings leider nicht immer ganz preiswert. Zum Grillen geeignet sind grundsätzlich alle Stücke, die auch in der Pfanne kurz gebraten werden können: Vom Filet über Hüftsteak oder Rumpsteak bis hin zum Kotelett.

Rindfleisch sollte beim Kauf immer leicht abgehangen sein, denn nur so wird es beim Grillen schön zart. Es sollte nicht zu

auffällig marmoriert sein, da sich beim Kurzbraten nur die Poren schließen, aber kaum Fett reduziert wird.

Gerade bei Kurzgebratenem ist der richtige Garzeitpunkt entscheidend, damit das Fleisch so auf den Teller kommt, wie es individuell gewünscht wird. Es gibt keine Faustregel, welches Steak wie lange gegrillt werden muss – die Dauer ist nicht nur von der Dicke des Fleischstücks, sondern auch von der Hitze auf dem Grill abhängig. Diese wiederum hängt mit der Ent-

DIE STEAK-ARTEN IM ÜBERBLICK

- BEEFSTEAK – aus dem Filet geschnittene fingerdicke Scheibe.
- CLUB-STEAK – wie T-Bone-Steak, aber ohne Filetanteil.
- ENTRECOTE – 6 cm dickes, bis 400 g schweres Stück aus der Zwischenrippe.
- ENTRECOTE DOUBLE – Filet und Roastbeef, ca. 7 cm dick und bis 800 g schwer.
- FILET MIGNON – 2 bis 3 cm dickes Rundsteak aus dem schmalen Teil des Filets.
- FILETSTEAK – Filetscheiben mindestens 2 cm dick.
- HÜFTSTEAK – 2 bis 3 cm dickes Steak aus der Hüfte.
- KLUFTSTEAK – 2 bis 3 cm dickes Steak aus der Oberschale.
- PORTERHOUSE-STEAK – Roastbeef und Filet mit Knochen, 6 cm dick, ca. 800 g schwer.
- RIB-EYE-STEAK – 2 bis 3 cm dickes Stück aus der Hochrippe mit Fettkern („Auge“).
- ROASTBEEF – Rippenstück (aus dem Hinterviertel).
- RUMPSTEAK – aus dem flachen Roastbeef geschnittene 2 bis 3 cm dicke Scheibe mit Fettrand an einer Seite, ca. 200–300 g schwer.
- SIRLOIN-STEAK – aus dem Roastbeef ohne Filet, 6 cm dick, 1000 g.
- T-BONE-STEAK – T-förmiger Knochen in der Mitte, mit Roastbeef und Filetstück.
- TOURNEDOS – auch aus dem schmalen Teil des Filets, aber 4 bis 6 cm dick.

fernung des Grillrostes zur Glut zusammen.

Die Daumen-Garprobe gibt jedoch zuverlässig Aufschluss über den Garzustand des Fleisches: Dabei drückt man mit dem Daumen auf die dickste Stelle des Fleisches: Gibt das Stück noch gut nach, ist also elastisch, so ist es innen noch blutig. Halbgar gibt es dann weniger nach und es tritt kein Fleischsaft aus dem Fleisch. Sind sie durchgebraten, geben Steaks wenig bis gar nicht nach.

Von entscheidender Bedeutung für die Qualität des Steaks beim Servieren ist der Druckausgleich im Fleisch: Dazu legt man das Fleisch nach der eigentlichen Grillphase an den Rand des Grillrostes in eine weniger heiße Temperaturzone. Während der nun folgenden Ruhephase kann sich der Bratensaft im ganzen Stück gleichmäßig verteilen. Zu beachten ist, dass das Fleisch in dieser Zeit noch etwas nachgart. Wer sein Steak also medium essen möchte, sollte es noch blutig (eng-

Garstufen bei Rindersteaks

- Fast roh, raw oder bleu: Außen dünne braune Kruste, innen roh, blutig und noch kalt.
- Kern roh, english, saignant: Außen braune Kruste innerer Kern blutig, aber warm.
- Rosa, medium, à point: Außen braune Kruste, innen rosa.
- Ganz durch, well done, bien cuit: Das Steak ist ganz durchgebraten.

lisch) zum Ausgleichen an den Grillrand legen – hier entwickelt sich das Fleisch dann noch entsprechend.

Kalbfleisch

Als Kalbfleisch wird das Fleisch von bis zu drei Monate jungen Rindern bezeichnet. Da es besonders fettarm ist, sollte es vor dem Grillen mit Öl mariniert oder bepinselt werden. Alternativ kann man es aber beispielsweise auch in einen Speckmantel hüllen, damit es nicht austrocknet oder anbrennt. Zum Grillen eignen sich besonders Stücke aus dem Kalbsrücken.

Schweinefleisch

In mittel- und osteuropäischen Ländern wird besonders gern Schweinefleisch gegrillt: Es ist von Natur aus fetthaltiger als Rind oder Lamm und bleibt dadurch zumeist sehr saftig. Auch wenn Schweinefleisch heute grundsätzlich weniger fett ist als früher, werden beim Grillen häufig die durchwachseneren Stücke bevorzugt. Denn das zwischen den Muskelfasern eingelagerte Fett sorgt nicht nur dafür, dass das Grillstück nicht austrocknet, sondern dient auch ganz wesentlich als Geschmacksträger.

Entscheidend für den Geschmack des Fleisches ist natürlich seine grundsätzliche Qualität: Wer beste Produkte auf dem Grill haben möchte, sollte darauf achten, dass das Fleisch beim Kauf eine hellrote Farbe hat.

Geschmacksträger Fett

Auch wenn man das Fett vom Fleisch nicht gerne isst: Man sollte es immer zunächst mitgrillen und wenn, dann erst nach der Zubereitung entfernen. So kann sich der Geschmack am besten entfalten!

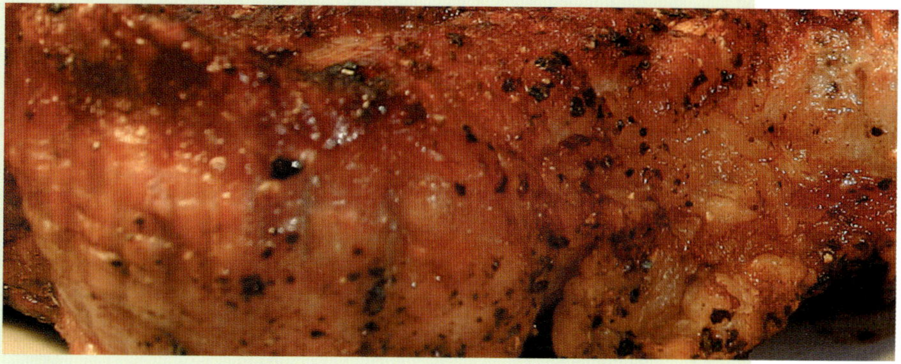

Der Geschmack von Schweinefleisch ist herzhaft und kräftig, besonders bei den fetthaltigeren Stücken wie Schweinebauch, dicke Rippe oder auch Holzfällersteaks. Schweinebauch kann man mit oder ohne Rippchen und auch mit oder ohne Schwarte kaufen. Rippchen an sich, also Schälrippchen – oder amerikanisch spare-ribs – sind besonders beliebt und auch mariniert sehr köstlich. Diese Stücke sind zudem recht preiswert.

Besonders bei fetteren Schweinefleisch-Stücken sollte man der Gesundheit zuliebe eine Alugrillschale verwenden oder indirekt Grillen. Denn gerade hier tropft meist viel Fett vom Grillrost in die Glut, was dann gesundheitsschädliche Dämpfe entstehen lässt (siehe S. 30).

Weniger fett und sehr beliebt sind Nackenkoteletts, Koteletts oder Steaks aus dem Schweinerücken, die leicht gelingen. Auch sie können vor dem Grillen mariniert oder mit einer trockenen Gewürzmischung eingerieben werden. Wer es besonders edel mag, grillt Filets, aus denen man am besten Medaillons schneidet.

Schweinefleisch muss – im Gegensatz zu Rind oder Lamm – immer gut durchgebraten werden. Dünnere Stücke können direkt über die heiße Kohle gelegt werden, dickere Stücke gelin-

gen gut mit der indirekten Grillmethode. Die Garprobe kann wie bei anderen Fleischarten mit dem Daumen vorgenommen werden – das Schweinefleisch sollte dabei nur noch wenig nachgeben.

Schweinefleisch passt sich entsprechend aromatisiert allen kulinarischen Geschmackswelten an. Scharfe Varianten mit Knoblauch oder Chili schmecken ebenso wie deftige mit Speck und Zwiebeln oder exotische mit Ingwer oder Sojasauce.

SPIESSE

Spieße sind aufgrund der vielen möglichen Kombinationen besonders beliebt beim Grillen. Vom Schwein empfehlen sich Filetstückchen, da sie eine kurze Garzeit haben. Als klassische Kombination sind Schweinefiletspieße mit Speck und Zwiebeln bekannt. Doch gerade bei Spießen machen Eigenkreationen besonders Spaß: Kombiniert werden kann grundsätzlich, was gefällt – so auch verschiedene Fleischarten. Dabei müssen dann allerdings die unterschiedlichen Garzeiten berücksichtigt werden. Diese kann man leicht ausgleichen, indem die Sorten, die länger grillen müssen, in kleinere Stücke geschnitten werden als die, die schneller gar sind.

Geflügel

Geflügel ist die perfekte Alternative für all diejenigen, die beim Grillen mageres und fettarmes Fleisch bevorzugen. Die Auswahl ist dabei fast unerschöpflich: von Hühnern und Puten bis zu Enten oder Gänsen, von frisch geschlachteten ganzen Hühnchen bis zu einzeln angebotenen Geflügelteilen. Geflügel zu grillen ist nicht zuletzt auch deshalb so beliebt, da es sich geschmacklich sehr vielseitig zubereiten lässt.

Hühner- oder Hähnchenfleisch kommt am häufigsten auf den Grill – gute Qualität zahlt sich auch hier aus: Wer das

Fleisch ganz unverfälscht genießen möchte und es wenig würzt, sollte auf höchste Qualität achten. Zum Grillen werden vorzugsweise Hähnchen- oder Putenbruststücke – als Steaks oder auch für Spieße geschnitten – verwendet. Aber auch Flügel, Keulen und Schenkel sind beliebte Fleischteile, die in Verbindung mit einer würzigen Sauce gerne aus der Hand gegessen werden.

FRISCH VERARBEITEN

Geflügelfleisch ist besonders empfindlich und hat nur eine geringe Haltbarkeit. Deshalb verbraucht man es spätestens einen Tag nach dem Einkauf. Tiefgefrorenes Geflügel – egal ob als ganzer Vogel oder in Teilen – sollte immer langsam im Kühlschrank aufgetaut werden. Sinnvoll ist es, das Fleisch ausgepackt in eine Schüssel mit Siebeinsatz zu legen – so kann austretende Flüssigkeit direkt ablaufen. Nach dem Auftauen wird das Wasser weggeschüttet und das Fleisch unter fließendem kaltem Wasser gründlich abgewaschen.

ZERLEGEN UND VORBEREITEN

Grundsätzlich können ganze Vögel – zum Beispiel am Drehspieß – auch im Ganzen gegrillt werden. Bei Enten und Gänsen empfiehlt es sich dann, die Haut vorher rundherum einzustechen, damit das Fett austreten kann.

Teilstücke bedürfen fast keiner speziellen Vorbereitung – bei Flügeln kann man vor dem Grillen die Spitzen abschneiden; bei Entenbrüsten sollte man die dicke Hautschicht mehrmals einschneiden. So kann nicht nur die Marinade vor dem Grillen besser einziehen, sondern es wird zudem auch verhindert, dass sich das Fleisch durch die Reduktion des Fettes beim Grillen verformt.

Leicht und gesund

Geflügel wie Huhn oder Pute ist nicht nur sehr eiweißreich, sondern auch fettarm und damit auch für besonders ernährungsbewusste Menschen attraktiv. Das reine Muskelfleisch enthält bei Geflügel sehr wenig Fett. Das meiste Fett sitzt nämlich in den Fettstücken der Bauchhöhle, den so genannten Flomen, die aber vor der Zubereitung entfernt werden. Weitere sitzen direkt unter der Haut. So bleibt z.B. eine mit Haut gegrillte Hühnchenkeule schön saftig, da die Haut das Fleisch vor dem Austrocknen schützt. Gleichzeitig tritt aber auch ein großer Teil des unter der Haut sitzenden Fettes beim Grillen aus, sodass das Fleisch schließlich fettarm auf dem Teller landet.

Kross und Saftig

Damit Geflügel beim Grillen saftig bleibt und nicht austrocknet, sollte man es grundsätzlich entweder mit Öl marinieren oder mit Haut grillen. Doch auch dann ist es ratsam das Fleischstück vor und auch während des Grillens immer leicht einzuölen – beispielsweise mit einer würzigen Marinade.

Scharfmacher wie Pfeffer, Chili oder Knoblauch passen dabei als Geschmacksgeber genauso gut wie fruchtiger Ingwer, Paprika, frische Kräuter, oder auch Honig. Zur Entfaltung der Gewürze bietet es sich an, Brust oder auch Keulen einzuschneiden – so wirken die Aromen besonders gut ein. Marinaden sollten mindestens 30 Minuten einwirken, besser aber einige Stunden.

Für größere Stücke – wie ganze Hähnchen – bietet es sich sehr gut an, sie indirekt zu grillen. Edle Geflügel wie Tauben, Fasan oder Rebhühner kann man zum Schutz vor Austrocknung auch mit Speck umwickeln.

Lamm

Lammfleisch kommt nicht nur in der mediterranen Küche viel und gerne auf den Grill, sondern erfreut sich auch in den Küchen anderer Länder zunehmender Beliebtheit. Es harmoniert überaus gut mit würzigen Kräutern wie Rosmarin und veredelt schon allein mit etwas frischem Weißbrot und einem guten Rotwein jeden Grillabend.

Entscheidend für die Qualität von Lammfleisch ist vor allem die Haltung der Tiere – werden sie überwiegend auf Wei-

den gehalten und können sich natürlich ernähren, wird das Fleisch besonders zart und würzig-aromatisch. Außerdem spielt das Alter der Tiere eine geschmacksprägende Rolle: Die ganz jungen Lämmer bis zu 6 Monaten, die Milchlämmer, sind besonders zart in Konsistenz und Aroma. Ihr Fleisch ist blassrosa, das Fett reinweiß. Das Fleisch von etwas älteren Tieren ist hingegen dunkler und auch schon kräftiger im Geschmack.

Lammfleisch kann äußerst vielseitig kombiniert werden und liebt Gewürze wie z.B. Thymian, Oregano oder Majoran, aber auch Senf, Lorbeer oder Wacholderbeeren. Zum Marinieren wird gerne Rotwein als Grundlage genommen. Lammfleisch verträgt es durchaus, über Nacht im Wein zu „baden".

Zum Grillen hervorragend geeignet – und von Fans favorisiert – sind Lammkoteletts und Lammchops, kleine 2–3 cm dicke Steaks. Eine besondere Delikatesse ist der Lammrücken (Lammsattel) am Stück gebraten. Als Lammkarree bezeichnet man die noch am Stück gewachsenen Koteletts, die man im Ganzen grillen kann. Das besonders zarte Filet ist auch beim Lamm das Feinschmecker-Stück. In kleine Medaillons geschnitten bietet es eine besondere Grundlage für Spieße.

Die Lammkeule, die von Lammliebhabern gerne gebraten wird, kann in Scheiben geschnitten als Steak auch gegrillt werden. Keulenfleisch kann zudem ebenso für Spieße verwendet werden.

Wild

Am Anfang allen Zubereitens warmer Speisen stand nicht nur das Feuer, sondern auch selbst erjagtes Fleisch. Was könnte also ursprünglicher und archaischer sein als das Grillen von Wild? Es muss ja nicht gleich – wie bei Asterix und Obelix – ein ganzes Wildschwein sein, gibt es doch eine große Auswahl auch an delikaten Teilstücken verschiedenster Wildtiere.

Ob Hase, Kaninchen, Hirsch, Reh, Wildsau oder auch Federwild – sie alle können nicht nur als klassischer Braten, sondern in verschiedensten Varianten auch gegrillt auf den Tisch kommen: vom Hasenfilet über eine Wildenten- oder Fasanenbrust oder einen Wildbret-Spieß bis hin zu Spezialitäten wie Reh-Bratwürsten oder Wildhack-Frikadellen.

Wild durchgaren

Wildfleisch muss immer bei einer Kerntemperatur von mindestens 80 °C etwa zehn Minuten durchgegart werden. Nur so lassen sich eventuell vorhandene gesundheitsgefährdende oder krankheitserregende Keime abtöten.

Einkauf

Beim Einkauf von Wild ist man am besten beraten, wenn man es frisch bezieht – entweder in speziellen Fleischereien oder auch direkt über Jäger oder Förster. Es lohnt in jedem Fall sich kundig zu machen, wo gutes Fleisch angeboten wird. Wild muss einige Tage abgehangen beziehungsweise gereift sein, denn erst dadurch wird es zart.

Das Fleisch von Hirsch, Reh, Hase und Wildschwein wird zudem aromatischer, mürber und zarter, wenn es vor der Zubereitung etwa einen Tag lang in einer kräftigen Beize – das ist eine Marinade auf Wein- oder Essig-Basis – eingelegt wird. Klassische Zutaten sind Rotwein, Essig, Öl, Cognac, Suppengrün, Pfeffer, Wacholder und Lorbeer.

Größere Stücke sollte man zunächst auf dem Grill scharf anbraten, sodass sich eine schöne Kruste bilden kann, die das Fleisch saftig hält. Sinnvoll ist es, nach dem Anbraten den Grillrost etwas herauf zu setzen und das Stück dann bei mittlerer Hitze weiter zu garen. Schließlich sollte auch Wild vor dem Anschneiden eine Zeit lang am Rande des Grills ruhen und erst nach dem Grillen gesalzen werden.

Fisch

Mit frischem Fisch kommt beim Grillvergnügen für viele echte Genießer Urlaubsstimmung auf, denn Fisch spielt in den Küchen der meisten Reiseländer eine zentrale Rolle. Und so kann man gerade mit Fisch und Meeresfrüchten in die verschiedensten kulinarischen Welten eintauchen und auch auf der heimischen Terrasse einen Hauch von Meeresstimmung spüren. Zudem ist Fisch – nicht nur an heißen Sommertagen – leicht und bekömmlich, vor allem, wenn er wie beim Grillen, ohne fette Saucen auskommt.

Besonders köstlich schmecken Fische und Schalentiere mit frischen Kräutern oder Gewürzen aromatisiert – ob mit frischem

Ingwer exotisch-asiatisch angehaucht, mit Knoblauch und Kräutern würzig-mediterran oder auch mit Speck eher kräftig-mitteleuropäisch. Bei Marinaden und Würzmischungen darf man auch bei Fisch nach eigenen Vorlieben experimentieren, wobei man darauf achten sollte, den feinen und dezenten Eigengeschmack bestimmter Fischarten nicht mit zu starken Mischungen zu überwürzen.

Gut geeignet sind alle festen Sorten, alle Dorsch- und Barscharten wie Kabeljau, Rotbarsch oder Schellfisch, Plattfisch wie Scholle, Seezunge oder Heilbutt, aber auch Thunfisch, Grüner Hering, Makrele und Forelle. Ebenso finden sich unter den Exoten einige sehr delikate Sorten wie Dorade, Red Snapper, Papageienfisch oder Wels. Mit Vorsicht zu genießen sind Hecht und Rotauge: Die vielen kleinen Gräten dieser Fische mindern das Essvergnügen. Geräucherter Fisch eignet sich nicht zum Grillen.

Fisch nur frisch

Ganz entscheidend für den kulinarischen Genuss ist die Frische des Fisches – und so empfiehlt es sich, bei der Planung von Fischgerichten grundsätzlich flexibel zu sein und beim Einkauf den Fisch zu wählen, der frisch eingetroffen ist! Frische Fische haben klare und glasig glänzende, pralle Augen sowie fest anliegende rosafarbene oder hellrote Kiemen. Der ganze Fisch hat noch eine leicht schleimige Oberfläche. Außerdem sollte er nach Meer und

Wasser duften und keinesfalls einen typisch fischigen Geruch aufweisen. Vor dem Grillen gehört Fisch in den Kühlschrank und sollte nicht länger als einen Tag, am besten in einem verschließbaren Behälter mit Siebeinsatz, aufbewahrt werden.

Fisch vorbereiten

Auch, wenn man einen ganzen Fisch grillen möchte, muss er ausgenommen werden. Auf Wunsch entfernt bereits der Fischhändler die Innereien aus dem Bauchraum. Für viele Grillfreunde bedeutet es schon einen optischen Genuss, den Fisch im Ganzen – also mit Kopf und Flossen auf dem Grill liegen zu sehen. Zu berücksichtigen ist dabei jedoch, dass Flossen und Schwanzflosse schnell verbrennen können. So empfiehlt es sich

vor allem bei kleineren Fischen, die Rücken-, Seiten- und Bauchflossen vorher abzuschneiden und den Schwanz eventuell etwas zu stutzen. Auch dies erledigt auf Wunsch der Fischhändler.

Ganze Fische müssen vor dem Grillen grundsätzlich entschuppt werden. Forelle, Hering, Makrele, Rotbarsch und Barben haben kleinere Schuppen, die man am besten mit der Rückseite eines Messers vom Schwanz zum Kopf – gegen den Strich – abschabt. Bei Karpfen, die weniger Schuppen haben, wird nach dem gleichen Prinzip verfahren. Bei Fischen mit größeren und

Schale vergrössern

Verbinden Sie zwei Alu-Grillschalen zu einer großen, wenn eine allein zu klein für einen großen Fisch ist: Schneiden Sie dazu die Kanten einer Schale an den beiden Ecken einer Schmalseite ein. Knicken Sie dann die schmale Kante flach. Nun kann diese Schale in die andere geschoben werden, die sich so verlängern lässt.

festeren Schuppen wie beispielsweise dem Papageienfisch kann das Entschuppen sehr zeitaufwändig sein, da hier die Schuppen mühsam einzeln entfernt werden müssen.

Säubern, säuern, salzen

Die magische Formel beim Zubereiten aller Fischgerichte, nämlich „3 mal S“, also „Säubern, Säuern, Salzen“, gilt auch beim Grillen. Um den Geschmack zu intensivieren, sollte der gesäuberte Fisch nicht nur von außen, sondern auch von innen – also im Bauchraum – mit Zitrone beträufelt und gesalzen werden. Salz kommt allerdings entsprechend sparsam zum Einsatz, wenn der Fisch in eine sehr würzige oder salzhaltige Marinade eingelegt wird.

Schonend grillen

Damit sie nicht am Grillrost ankleben, sollten ganze Fische immer leicht eingeölt werden. Alternativ kann auch der Grillrost dünn mit Öl bepinselt werden. Wer ganz sicher gehen möchte, dass der Fisch beim Grillen heil bleibt, kann ihn in Alufolie gewickelt oder auch auf einer Aluschale grillen. Wird ein ganzer Fisch komplett in Folie gepackt, sollte er immer so umwickelt werden, dass er während des Grillens – für die Überprüfung des Garzustands – geöffnet werden kann.

Am besten grillt man Fisch bei mittlerer Hitze über der Glut – nie über Flammen. Der Rost darf nicht zu tief hängen, damit der Fisch nicht anbrennt. Grundsätzlich sollte man Fische mit ihrer verletzlichen Oberfläche möglichst nur wenig wenden. Schollen und Seezungen grillt man am besten zuerst auf der dunklen Seite; auch sie sollte man nach Möglichkeit nur einmal wenden.

Garprobe

Ob ein Fisch gar ist, stellt man mit Hilfe eines spitzen Gegenstandes – z.B. mit einer Grillgabel oder einem spitzen Messer – fest: An der dicksten Stelle sticht man bis zur Mitte in den Fisch hinein. Ist die wieder herausgezogene Spitze heiß, so ist der Fisch gar. Alternativ kann man auch vorsichtig an der Rückenflosse ziehen: Lässt sie sich leicht mit der Hand herausziehen, ist der Fisch gar.

Meeresfrüchte

Garnelen und auch Tintenfische vom Grill sind so berühmt wie beliebt. Ob am Spieß, gefüllt oder pur mit nur etwas Zitrone beträufelt – Früchte des Meeres sind für Fischfreunde zumeist das Tüpfelchen auf dem I. Riesengarnelen und Gambas nimmt man aus der Schale und schneidet sie längs des Rückens leicht ein, um so den Darmfaden auswaschen bzw. herauskratzen zu können.

Auch Muscheln kann man grillen. Wegen ihrer Größe eignen sich besonders Jakobsmuscheln – diese kauft man entweder gleich ohne Schale, oder entfernt selbst zumindest eine Schalenhälfte. Der grau gekräuselte Teil der Muschel wird ebenfalls abgelöst und die Muscheln direkt über mittlerer Hitze gegrillt. Venusmuscheln und Miesmuscheln bereitet man am besten in einer Aluschale zu. Sie gelingen mit Butter, Kräutern und einem Schuss Wein besonders gut.

Nicht zu heiss grillen

Für alle Meeresfrüchte gilt, sie auf keinen Fall über 80 °C zu erhitzen. Denn dann beginnt das in den Tieren enthaltene Eiweiß zu gerinnen und sie werden hart.

Gemüse

KÖSTLICHE FRÜCHTCHEN

Von A wie Aubergine bis Z wie Zucchini – Gemüse auf dem Grill zu rösten ist längst nicht mehr nur in Vegetarier-Kreisen ein Trend. Auch eingefleischte Steakfreunde sind inzwischen Feuer und Flamme für die bunte Welt knackig frischen Gemüses. Die gesunden Früchte führen dabei längst nicht mehr nur ein Schattendasein als Beilagen, sondern kommen auch als Hauptgerichte ganz groß raus.

Beinahe jedes Gemüse kann gegrillt werden: Größere oder festere Sorten wie Paprika, Zwiebeln, Auberginen, Lauch oder Zucchini direkt auf dem Rost, andere – wie Tomaten, Gurken oder kleinere Pilze – in Alufolie gewickelt oder in einer Grillschale. Gemüse kann auf Spieße gesteckt, mit pikanten Füllungen verfeinert oder auch mit Käse überbacken werden; eine besondere Note erhält es, wenn es vor dem Grillen mariniert wurde.

Manche Sorten gewinnen, wenn man sie vor dem Grillen kurz blanchiert oder in einer Pfanne kurz anröstet, bevor man sie auf dem Grill in einer Aluschale fertig gart. Der Vielfalt an Zubereitungsmöglichkeiten sind also kaum Grenzen gesetzt.

Gemüsespiesse

Bunte Gemüsespieße bereichern ein Grillbuffet nicht nur optisch, sie können auch vielfältig variiert werden. Achten sollte man allerdings darauf, dass die Garzeiten der einzelnen Früchte - oder auch von Fleisch- und Gemüsestücken - nicht zu unterschiedlich sind, damit das eine nicht verbrennt, während das andere noch halb roh ist. Als kleiner Tipp gilt es hier wie auch bei Fleischspießen, schneller garende Sorten in größere Stücke zu schneiden als diejenigen, die länger garen müssen.

Marinieren

Der Geschmack von Gemüse lässt sich durch würzige Marinaden verfeinern. Wer Zeit sparen will, kann grundsätzlich die Gemüsefrüchte mit denselben Marinaden bestreichen, die schon fürs Fleisch angerührt sind. Besonders schmackhaft sind aber immer frische Kräuter-Marinaden. Auch beim Grillen von mariniertem Gemüse gilt es, die Marinade zunächst gut abtropfen zu lassen, bevor die Früchte auf den Grill gelegt werden.

Füllen und Überbacken

Zum Füllen und Überbacken eignen sich nicht etwa nur die klassischen Sorten wie Paprika, Zwiebeln oder Tomaten. Von Auberginen über Fenchel bis hin zu Zucchini und selbst Pilzen gibt es zahlreiche Gemüsesorten, die mit den unterschiedlichsten Füllungen zu wahren Stars auf dem Grill werden können. Ob man das Gemüse beispielsweise mit würzigem Hackfleisch, einer pikanten Käsecreme oder auch mit anderen fein gehackten Gemüsesorten und frischen Kräutern füllt, bleibt hier der eigenen kulinarischen Fantasie überlassen.

Müssen Früchte – wie Zucchini oder Pilze – zum Füllen ausgehöhlt werden, kann man das gelöste Fruchtfleisch weiter verwenden: Entweder nutzt man es als Zutat für die Füllung derselben Frucht oder man füllt quasi über Kreuz, wenn verschiedene Arten zusammen auf den Grill kommen.

Nicht nur Kräuter und Gewürze beeinflussen den Geschmack einer Gemüsefüllung, sondern ganz maßgeblich auch die Käsesorte, die zum Überbacken verwendet wird. Ganz gleich, ob milder Gouda oder pikanter Hartkäse verwendet werden, bietet sich zum Überbacken besonders indirektes Grillen im Kugelgrill an.

Kartoffeln grillen

Junge, kleine Kartoffeln, auf dem Grill zart geröstet und mit Butter und Salz serviert, sind eine köstliche Beilage. Sinnvoll ist es, die Kartoffeln vorzukochen – bis sie fast gar sind – und erst dann auf den Grill zu legen. Kartoffelecken – oder dickere Scheiben können, mit etwas Öl bepinselt, direkt bei mittlerer Hitze gegrillt werden.

Für Baked Potatoes werden die Kartoffeln gründlich gereinigt und dann mit Schale in Folie gewickelt. Kommen frische Kräuter mit in die Folie, sollte man die Kartoffeln schälen, damit sie die Kräuteraromen besser annehmen. Folienkartoffeln können – in mehrere Schichten Folie gewickelt – direkt in die Glut gelegt werden. Dies macht man am besten zu Beginn des Grillabends, da große Kartoffeln oft eine Stunde Garzeit benötigen. Die Krönung des Kartoffel-Genusses ist dann ein würziger oder kräuterfrischer Quark- oder Sauerrahmdip.

Knoblauch zerdrücken

Knoblauch zählt auch in der Grillküche zu den wichtigen Standardgewürzen. Eine einfache Methode, die scharfen Zehen zu zerdrücken ist diese: Man schneidet die geschälten Zehen in dünne Scheiben und bestreut diese mit Salz. Das Salz weicht die Struktur des Knoblauchs in wenigen Minuten auf und die Scheiben können nun ganz leicht mit einer Messerklinge zu Brei zerdrückt werden. Das ist einfacher und geht schneller, als die Zehen mit einer Presse zu zerdrücken.

Marinaden & Saucen

Für viele Menschen sind gegrilltes Fleisch oder Fisch an sich schon Delikatessen – zum kulinarischen Erlebnis werden sie aber erst mit fein abgestimmten Saucen oder raffinierten Marinaden. Als Marinade bezeichnet man eine Sauce, in die das Grillgut vor dem Zubereiten eingelegt wird. Als Sauce hingegen tituliert man Flüssigkeiten, die nach dem Grillen zum oder über das Grillgut gegeben werden.

Bei den Marinaden unterscheidet man solche, die rein aus geschmacklichen Gründen verwendet werden von solchen, die das Austrocknen des Grillguts vermindern oder gar verhindern.

Engagierte Köche bereiten ihre Würzflüssigkeiten fürs Grillen meist auf einer Ölbasis zu, deren Geschmack maßgeblich durch Gewürze oder frische Kräuter, nicht selten aber auch durch andere intensive Geschmacksträger wie Obst, Honig oder hochprozentigen Alkohol, abgerundet wird.

Beim Marinieren liegt das Grillgut am besten komplett in der Marinade, damit es von allen Seiten den Geschmack annehmen kann. Reicht die

Flüssigkeit dazu nicht aus, muss das Grillgut regelmäßig gewendet werden. Die erforderliche Dauer des Marinierens hängt ab von der Intensität der Marinade und dem Eigengeschmack des Grillguts. So legt man edleren Fisch oftmals nur kurz ein, um seinen Geschmack nicht zu überdecken – kräftiges Fleisch wie Wild hingegen verträgt auch eine längere Marinierzeit.

Marinaden können aber nicht nur von außen auf das Grillgut einwirken. Besonders bei Fleischstücken, die durchgebraten werden, kann man die Würzflüssigkeit auch in eingeschnittenes Fleisch geben, um den Geschmack zu intensivieren. Dies ist auch bei Fisch möglich – etwas Würzflüssigkeit wird dabei dann in die Bauchöffnung gegeben.

Es gibt unzählige Anregungen für geschmacklich interessante Marinaden – aber besonders hier empfiehlt es sich den eigenen Geschmacksvorlieben zu folgen und so auch ruhig einmal Unbekanntes oder auch Ausgefallenes auszuprobieren.

Empfehlenswert ist es allerdings, die Marinaden auf die Geschmackswelt des Grillabends abzustimmen – also z.B. bei einem mediterranen Grillabend Fisch oder Fleisch in eine Olivenölmarinade mit italienischen oder provenzalischen Kräutern einzulegen.

Saucen sind das I-Tüpfelchen auf gegrilltem Gut: Ob Fisch, Fleisch oder Gemüse, fast alle Speisen können durch Saucen gewinnen. Dass die Saucen vor allem beim Barbecue-Vergnügen nicht fehlen dürfen, hat zunächst einen recht simplen Grund: Da Grillgut manchmal etwas austrocknet, gleichen die Saucen den Flüssigkeitsverlust leicht wieder aus.

Die feinen Saucen allerdings auf diese Funktion zu reduzieren, greift viel zu kurz. Vielmehr sind sie es, die den eigentlichen Geschmack eines Grillrezeptes definieren. So ist eine gegrillte Hähnchenbrust zunächst relativ geschmacksneutral. Erst durch die Sauce wird aus

Marinade entfernen

Vor dem Grillen sollte das eingelegte Gut grob von der Marinade befreit werden – das gilt vor allem für Bestandteile, die beim Grillen leicht verbrennen wie z.B. Knoblauchstücke oder auch Kräuterstiele. Solche Stücke sollte man mit einem Löffel vom Grillgut herunter schieben oder kratzen.

ihr z.B. eine typisch asiatische oder mediterrane Spezialität. Deshalb gilt hier: Wer sich dem Thema Sauce mit Leib, Zeit und Hingabe widmet, prägt die Geschmackswelt des Grillabends auf besonders individuelle und nachhaltige Art und Weise. Erfahrene Köche zeichnen sich auch hier wieder durch Kreativität und besondere Eigenkompositionen aus.

Auf der anderen Seite: Es gibt eine Reihe, vor allem amerikanischer Grillklassiker, die ohne bestimmte Saucen oder

Würzflüssigkeiten wie Ketchup oder Barbecue-Sauce gar nicht denkbar sind. So sehr also auch in feinen Küchen Fertigprodukte absolut verpönt sein mögen: Beim Grillvergnügen kann man auch mit Fertigsaucen Stil und Geschmack beweisen.

Wichtig ist hier – genau wie bei selbst gekochten Saucen – auf Qualität zu achten. Feine Saucen mit abgerundetem Geschmack von renommierten Markenherstellern haben ihren Preis – und dies nicht zu Unrecht.

Edles zu Edlem

Die Geschmacksnote von besonders edlem Fisch oder Fleisch sollte nicht durch eine zu intensive Sauce überdeckt werden. Dabei gilt: Zu Edlem passt Edles mit dezentem Aroma.

Zu den großen Klassikern zählen neben Ketchups vor allem die Steak-, Zigeuner-, Chili- und Schaschlik-Saucen.

Saucen-Klassiker im Überblick

- Steak-Sauce
- Schaschlik-Sauce
- Chili-Sauce
- Barbecue-Sauce
- Ketchup
- Majonäse
- Zigeuner-Sauce
- Tsatziki
- Pfeffer-Sauce
- Aioli
- Süßsaure-Sauce
- Curry-Sauce

Mittel- und Osteuropa

Zu Gast bei Freunden

DIE BRATWURST-WELTMEISTER

Weltmeister – das ist ein Titel, mit dem man sich gern schmückt – natürlich auch beim Grillen. Und tatsächlich können Mittel- und Osteuropäer zumindest in einer Disziplin diesen Titel unangefochten für sich reklamieren: Im genüsslichen Verzehr von gegrillten Bratwürsten.

Diese Spezialitäten sind überall und jederzeit in Mittel- und Osteuropa präsent, vor allem aber im deutschsprachigen Raum: So finden sich z.B. professionelle Würstchenbuden nicht nur vor Fußballstadien oder auf Stadtfesten, sondern selbstverständlich auch auf jeder Kindergartenfeier oder auf dem Weihnachtsmarkt. Und auch privat wird ganzjährlich gegrillt – nicht selten auch im tiefsten Winter. So facht man z.B. auch am Nikolaus-Tag oder an Neujahr die Grillglut an, um das selbst gegrillte heiße Würstchen zu genießen.

Dementsprechend groß ist das Angebot an verschiedensten Sorten. Das beginnt schon bei Form und Farbe: Hier reicht das Spektrum von der kleinen Mini-Bratwurst bis zur übergroßen „Riesenwurst“, von der „Hellen“ (einer nur mäßig kross gebratenen Wurst) bis zur „Roten“ (mit hohem Paprikaanteil).

Hinzu kommen die vielen regionalen Spezialitäten wie z.B. die sehr aromatischen aber winzigen Nürnberger Rostbratwürstchen oder die kräftigen großen Krakauer. Und natürlich hat jeder Metzger, der etwas auf sich hält, sein ganz eigenes Würstchen, das – glaubt man den Kunden – natürlich einzigartig und unvergleichbar schmeckt.

Ein Bratwürstchen allein – vorzugsweise mit mittelscharfem Senf – aber macht noch keinen Grillabend aus: Dazu gehören nach Altväter Sitte selbstverständlich ein Kartoffelsalat sowie ein frischer Salat der Saison. Und natürlich ein Bier – am liebsten ein frisch gezapftes Pils. Das Spektrum an unterschiedlichsten Kartoffelsalaten und frischen Salaten steht dabei dem an unterschiedlichsten Bierspezialitäten kaum nach – von Region zu Region, von Dorf zu Dorf, von Familie zu Familie bereitet man vor allem die Kartoffelsalate unterschiedlich zu, z.B. mit Äpfeln, Speck oder frischem Gemüse.

Bratwurst und Kartoffelsalat sind dabei zugleich Synonyme für die Art, wie man hier traditionell kocht, nämlich möglichst erdverbunden, schnörkellos und besonders schmackhaft. Vieles würzt man beispielsweise nur mit Salz und Pfeffer – die Vielfalt mediterraner Kräuter und Gewürze sucht man hier vergebens.

Das heißt aber noch lange nicht, dass man zwischen Rhein und Wolga, Alpen und Ostsee nicht auch äußerst fein zu kochen – oder auch zu grillen – wüsste. Im Gegenteil: Die Vielfalt der traditionellen Gerichte, die hier auf den Tisch kommen, sucht ihresgleichen.

Die kulinarischen Grenzen zwischen Mittel- und Osteuropa haben sich dabei mit dem Ende des Zweiten Weltkriegs und dem Fall des eisernen Vorhangs kräftig durchmischt. Besonders deutlich wird dies in Polen, wo sich die einst deutschstämmigen Rezepte aus Schlesien oder Pommern nach der Eingliederung in polnische Staatshoheit mit der urpolnischen Küche vermengt haben.

So gehört z.B. die Kombination eines Schlesischen Kartoffelsalates (siehe S. 103) mit einem polnischen Spieß nach altem Familienrezept (siehe S. 90) zu den Highlights der hier vorgestellten Grillwelt.

Wer einen typisch mittel- oder osteuropäischen Grillabend ausrichten möchte, muss allerdings neben dem Kochen einen weiteren wesentlichen Aspekt beachten: Hier grillt man nicht alleine, sondern immer zusammen mit Freunden oder der Familie.

So sehr der mediterrane Lebensraum das Attribut „gastfreundlich“ auch für sich gebucht zu haben scheint: Beim Grillen beweisen auch die Mittel- und Osteuropäer ausgesprochenen Sinn für Geselligkeit, Nachbarschaft und Familienzusammenhalt. Ob Single oder Pärchen, Klein- oder Großfamilie: Allein bleibt die Grillküche kalt.

Und vielleicht liegt darin auch das Geheimnis der Bratwurst-Weltmeisterschaft – denn ob in Deutschland oder Ungarn, in der Schweiz oder in Polen, in Österreich oder in Tschechien: Nirgends liegt eine Bratwurst allein auf dem Grill!

Bratwurst

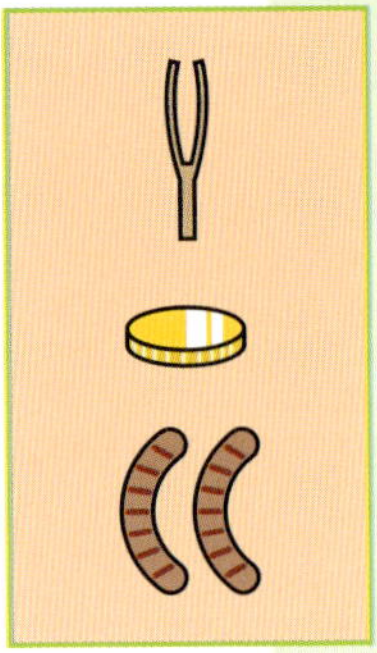

Vorweg gesagt: „Die" Bratwurst schlechthin gibt es nicht. Kaum irgendwo sonst gibt es so viele landestypische oder regionale Spezialitäten wie bei den Würsten, die auf dem Grill landen. Allein in Deutschland gibt es rund 50 verschiedene Bratwurstarten – von den individuellen Rezepturen einzelner Metzger ganz abgesehen.

Zu den berühmtesten gehören dabei die Thüringer Rostbratwürste: Meist nur aus Schweinefleisch hergestellt hat ihr Fleischbrät eine deutliche Majorannote. Sie werden traditionell über Holzkohle gegrillt. Weltweite Berühmtheiten sind ebenso die kleinen Nürnberger Rostbratwürste. Auch sie zeichnen sich durch die Majoranwürze aus und werden ausschließlich in sehr dünne Schafsdärme gefüllt.

Wie lange die Würstchen auf dem Grillrost geröstet werden müssen, hängt natürlich jeweils von ihrer Größe, Dicke und der Art des Fleischbräts ab. Als Faustregel gilt hier zunächst: Die Farbe muss stimmen – denn die meisten Bratwürste schmecken am besten dann, wenn der Grillrost deutliche Spuren hinterlassen hat.

Krakauer

Krakauer zählen neben den Wienern und den Frankfurtern zu den berühmtesten Würstchen Europas. Die von den Polen „Krakowska" genannte, pikant geräucherte Brühwurst, wird nicht nur überall in Polen hergestellt, sondern ist auch an vielen Wursttheken anderer Länder zu haben. Kenner bevorzugen die so genannte Krakowska sucha – sie ist doppelt geräuchert und muss mindestens eine Woche abhängen.

Nach dem polnischem Rezept enthält die Krakowska sucha 80 % Schweinefleisch, und je 10 % Speck und Rindfleisch. Das Rindfleisch gibt der Krakauer die kräftige Farbe, neben Kümmel und Pfeffer ist Knoblauch für den so typischen Geschmack verantwortlich.

Diese sehr aromatische Wurstart genießen viele am liebsten nur mit Senf und Brot, wir empfehlen die Krakauer mit einem selbst gebackenen Schopfbrot (siehe S. 118).

Dicke Rippe

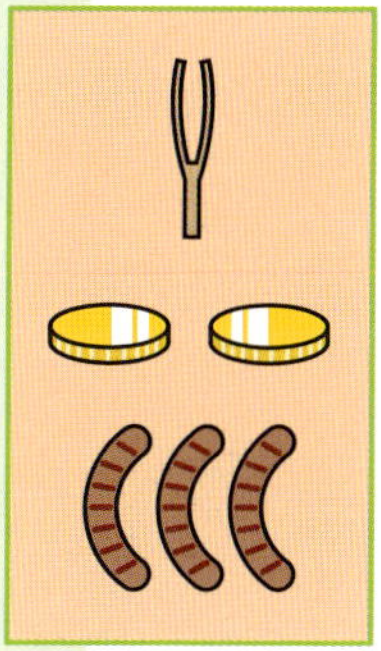

Dicke Rippe ist ein Teilstück aus der Schweineschulter und wird auch als Brust oder Brustspitze angeboten. Man bekommt es als größeres Stück oder auch zerteilt mit Rippen oder auch mit Schwarte. Das Fleisch ist mit Fett durchwachsen und recht grobfaserig.

Die dicken Rippen werden nur gesalzen und gepfeffert und auf dem Holzkohlegrill gebraten. Zu diesem deftigen Fleisch passt ein ausgefallener Linsensalat (siehe S. 110) genauso gut wie ein klassischer Kartoffelsalat (siehe S. 103). Als Getränk empfiehlt sich hier natürlich ein kühles Pils.

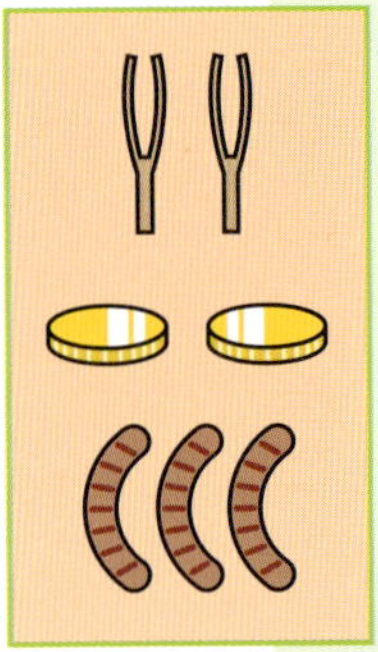

Schaschlik à la Gabriela

Spieße zählen zu den beliebtesten Grillspeisen überhaupt, erlauben sie doch ganz unterschiedliche Geschmackskombinationen. Letztendlich lässt sich fast alles miteinander kombinieren, was gut und lecker ist. Zu den Highlights ausgefallener Spießkombinationen gehört diese erstklassige Zusammenstellung von Filet, Salami und Gurke, die auf ein polnisches Hausrezept zurückgeht.

ZUTATEN: 2 Schweinefilets • 4 mittelgroße saure Gurken • 1 großes Stück Salami • Pfeffer

1. FLEISCH VORBEREITEN: Die Schweinefilets kalt abwaschen, trocken tupfen und in ca. 2 cm dicke Scheiben schneiden.

2. SALAMI SCHNEIDEN: Die Salami in 1–2 cm dicke Scheiben schneiden und – je nach Durchmesser der Scheiben – halbieren oder vierteln.

3. GURKEN SCHNEIDEN: Die Gurken abtropfen lassen, trocken tupfen und ebenfalls in mundgerechte Stücke schneiden.

4. AUFSPIESSEN: Salami, Gurken und Schweinefleisch abwechselnd auf Spieße stecken. Fleisch und Salami dabei von der schmalen Seite her aufspießen.

5. GRILLEN: Die Spieße auf dem Grillrost so lange grillen, bis das Schweinefleisch durchgebraten ist. Dabei mehrfach wenden.

Schweinesteak mit Spinatfüllung

Auch gefüllte Fleischstücke können gegrillt werden, so wie hier saftige Schweinerückensteaks mit würzigem Spinat.

- ZUTATEN: 4 Steaks vom Schweinerücken (ca. 3 cm dick) • 400 g frischer Blattspinat • 1 Schalotte • 1 Knoblauchzehe • 1 TL Butter • 2 EL Rahm • Salz • Pfeffer

Gefülltes Geflügel

Auch Hähnchenbrüste oder Putenschnitzel lassen sich mit dieser Spinatfüllung auf dem Grill zubereiten. Zudem kann man auch Rindfleisch damit füllen.

- 1. FLEISCH VORBEREITEN: Die Steaks unter kaltem Wasser abwaschen und trocken tupfen. Dann in jedes Steak eine Tasche mit kleiner Öffnung schneiden.

- 2. SPINAT BLANCHIEREN: Den Spinat gut waschen und in einem großen Topf in kochendem Wasser 3 Minuten blanchieren. In einem Sieb abtropfen und etwas abkühlen lassen.

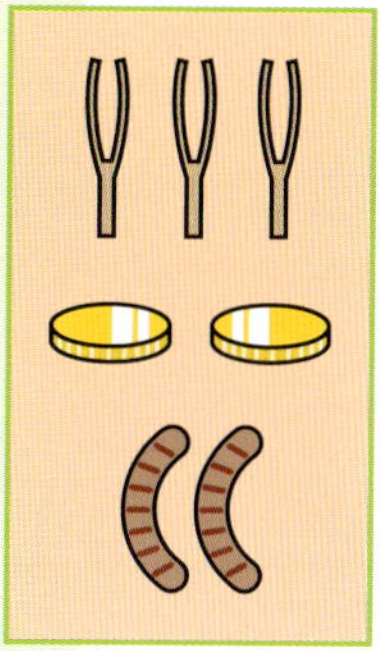

3. SCHALOTTE UND KNOBLAUCH HACKEN: Die Zwiebel und den Knoblauch schälen und in feine Würfel schneiden.

4. SPINAT HACKEN: Den abgekühlten Spinat ausdrücken, grob hacken und in eine Schüssel geben.

5. GEMÜSE ANDÜNSTEN: Zwiebel- und Knoblauchwürfel in Butter glasig dünsten, den Spinat hinzugeben, mit Salz und Pfeffer abschmecken und mit dem Rahm verfeinern.

6. STEAKS FÜLLEN: Die Spinatmasse in die Steaks füllen. Wenn die Öffnungen zu groß geraten sind, werden sie mit Holzspießchen verschlossen.

7. GRILLEN: Die Steaks von jeder Seite 1 bis 2 Minuten grillen.

Hasenfilet

Mit der osteuropäischen Küche assoziiert man traditionell zahlreiche Wildgerichte. So ist nicht nur der Böhmerwald für seinen Wildreichtum berühmt.

Doch auch, wenn nicht jeder Wildschwein, Fasan oder Hasen selbst erlegen kann, muss man auf „wildes“ Grillvergnügen nicht verzichten. Denn in gut sortierten Supermärkten findet man zur Grillsaison zumeist tiefgekühltes Wildfleisch, wie zum Beispiel Hasenfilet.

- ZUTATEN: 2 Hasenfilets • Pfeffer • Salz

- 1. FLEISCH VORBEREITEN: Die Hasenfilets ggfs. im Kühlschrank langsam auftauen, am besten über Nacht. Unter kaltem Wasser kurz abspülen und trocken tupfen.

- 2. WÜRZEN: Das Fleisch mit etwas Salz einreiben und Pfeffer grob darüber mahlen. Auch den Pfeffer ein wenig einreiben.

- 3. GRILLEN: Die Filets werden von allen Seiten kross gegrillt und dann an die Seite des Grillrostes gelegt. Dort lässt man sie bei wenig Hitze 2 bis 3 Minuten ruhen.

Forelle im Speck-mantel

Für kleinere Fische – wie Forellen – gibt es spezielle Drahtkörbe, in denen die Fische im Ganzen gegrillt werden können. Hier werden die Forellen mit Schinkenspeck ummantelt. Die Menge der Schinkenscheiben ist natürlich abhängig von der Größe der Fische und des Grillkorbes.

- ZUTATEN: 4 ausgenommene Forellen • 2–4 Scheiben Schinkenspeck pro Fisch • Saft einer Zitrone • Salz • 2 EL Worchestersauce

- 1. FISCH SÄUBERN: Die Forellen unter kaltem Wasser – auch innen – abspülen und trocken tupfen.

- 2. FISCH SÄUERN UND SALZEN: Die Fische jeweils von außen und innen mit etwas Zitronensaft beträufeln und salzen. Etwas Worchestersauce in die Bauchöffnung streichen.

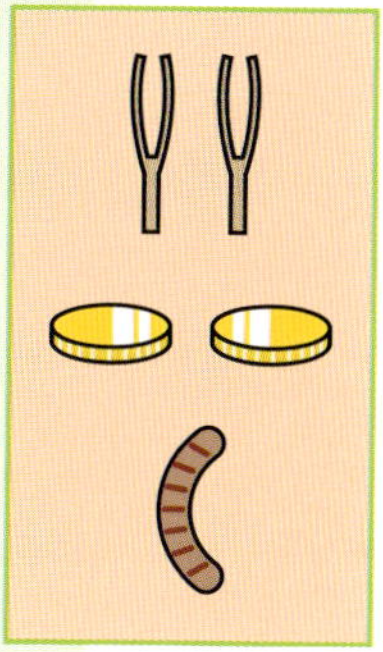

3. KORB AUSLEGEN: Die Fischkörbe so mit Schinkenspeck auslegen, dass die Fische jeweils ganz davon umschlossen werden. Die Fische in die Körbe legen und diese verschließen.

4. GRILLEN: Die Forellen von jeder Seite etwa 5 Minuten grillen, bis der Speck knusprig ist. Dieser wird nicht mitgegessen.

Vorsichtig salzen

Gebratener Schinken hat einen stärkeren Salzgeschmack. Deshalb sollte man mit dem Salzen der Fische vor dem Grillen zurückhaltend sein und lieber später nachsalzen.

GRÜNER HERING

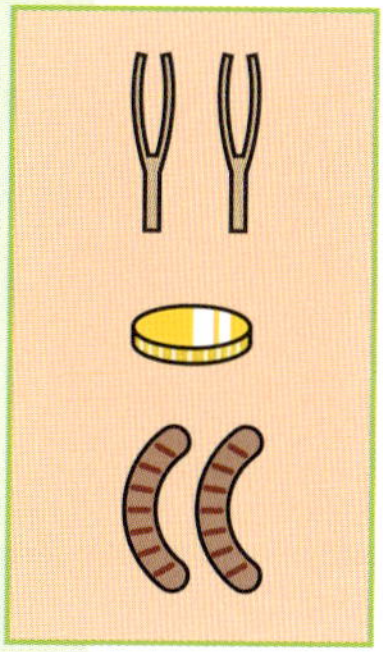

Der Hering gehört zu den beliebtesten Speisefischen – er macht weltweit rund ein Drittel des gesamten Fischfangs aus. „Grüne Heringe" werden die frisch gefangenen Fische genannt, da ihre Rücken unter Wasser in Farben von gelbgrün über blauschwarz bis blaugrün leuchten. Der Hering zählt zu den fetthaltigen Seefischen: Zu Beginn der Fangsaison – also im Mai und Juni – weist er einen Fettgehalt von bis zu 20 % auf. Zum Grillen legt man den ganzen Fisch am besten in einen Fischdrahtkorb.

ZUTATEN: 4 Grüne Heringe • Zitrone • Salz

1. SÄUBERN: Die Heringe unter fließendem kaltem Wasser abspülen.

2. SÄUERN: Zitronensaft innen und außen aufträufeln und verreiben.

3. SALZEN: Die Fische sollten am besten erst kurz vor dem Grillen und nur sparsam gesalzen werden, damit das Fleisch innen nicht zu trocken wird.

4. GRILLEN: Zum Grillen die Fische in passende Fischdrahtkörbe legen, da das weiche Fleisch leicht zerfällt. Alternativ zu den Körben kann man die Fische auch in Folie wickeln oder in einer Grillschale zubereiten.

Zum Grünen Hering passen gebratene Kartoffeln, grüner- oder Gurkensalat (siehe S. 123) mit frischen Kräutern.

ROTBARSCH

Der Rotbarsch ist nicht nur ein delikater Speisefisch sondern auch optisch sehr attraktiv: Seine orange- bis ziegelrote Farbe dient ihm im Meer zur Tarnung und verliert sich, wenn er längere Zeit der Luft ausgesetzt ist. Aber auch auf dem Grill schimmert dieser Fisch noch rötlich. Der Rotbarsch ist ein sehr beliebter Speisefisch, sein Fleisch ist leicht rosafarben und fest.

ZUTATEN: 1 Rotbarsch (ca. 1000 bis 1500 g) • 1 Zitrone • Salz • Pfeffer

1. FISCH SÄUBERN: Den Fisch unter kaltem Wasser abspülen und dabei mit dem Messerrücken die Schuppen entfernen.

2. SÄUERN UND SALZEN: Den Fisch innen und außen mit Zitronensaft beträufeln und leicht salzen.

3. GRILLEN: Den Rotbarsch in eine Grillschale legen und insgesamt ca. 10 bis 15 Minuten grillen. Dabei nicht zu häufig wenden, damit er nicht auseinander fällt.

Zum Rotbarsch passen eine scharfe Meerrettichsauce (siehe S. 123) und leichte Beilagen wie Salat oder gedünstetes Gemüse.

Schlesischer Kartoffelsalat

Dieser Salat besticht durch die Vielfalt an Zutaten, die natürlich je nach persönlicher Vorliebe auch variiert werden können. Da der Salat am besten schmeckt, wenn er gut durchgezogen ist, sollte er bereits einen Tag zuvor zubereitet werden.

- ZUTATEN: 1 kg Salatkartoffeln • 1 Sellerieknolle • 3 mittelgroße Möhren • 2 mittelgroße Petersilienwurzeln • 4 große saure Gurken • 2 mittelgroße Zwiebeln • 2 säuerliche Äpfel • 3 hart gekochte Eier • 300 g Erbsen (tiefgekühlt) • Weinessig • Salz • Pfeffer • 250–300 g Majonäse • evtl. etwas Gurkenwasser

- 1. KARTOFFELN KOCHEN: Die Kartoffeln in Salzwasser weich kochen, abgießen und pellen. In Würfel von etwa 2 cm Kantenlänge schneiden.

- 2. GEMÜSE VORBEREITEN: Während die Kartoffeln kochen, kann das Gemüse vorbereitet werden. Dazu die Sellerieknolle säubern, schälen und in feine Würfel schneiden. Möhren und Petersilienwurzel ebenfalls putzen und fein würfeln.

- 3. GEMÜSE KOCHEN: In einem großen Topf die Gemüsewürfel in reichlich Salzwasser bissfest garen. Dann in ein Sieb abgießen.

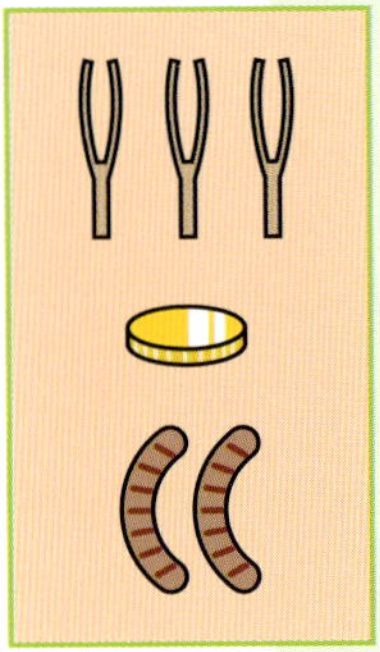

4. ERBSEN BLANCHIEREN: Die tiefgekühlten Erbsen in kochendem Salzwasser 3 Minuten blanchieren, dann abgießen.

5. GURKEN WÜRFELN: Die sauren Gurken etwas abtropfen lassen und fein würfeln.

6. ZWIEBELN UND ÄPFEL SCHNEIDEN: Die Zwiebeln abziehen und ebenfalls fein würfeln. Die Äpfel schälen, das Kerngehäuse ausstechen, das Fruchtfleisch in kleine Würfel schneiden.

8. EIER KOCHEN: Die Eier hart kochen, abschrecken, pellen und grob hacken.

9. SALATCREME ANMISCHEN: Aus Majonäse, ca. 4 EL Essig, reichlich Salz und Pfeffer eine Salatcreme mischen. Ein Schuss Gurkenwasser dient nicht nur zum Verflüssigen der Salatsauce, sondern verleiht ihr zudem noch eine würzige Note.

Salat anrichten

Damit der Salat nicht zu sehr „vermatscht“, muss er vorsichtig gemischt werden – am besten mit den Händen! Um den Salat beim Servieren optisch noch aufzupeppen, kann man eine Hand voll Erbsen und ein gekochtes Ei zurückhalten. Das Ei dann erst vor dem Servieren in Scheiben schneiden und zusammen mit den Erbsen locker aufstreuen.

10. SALAT MISCHEN: Alle Zutaten vorsichtig miteinander vermischen und mit der Salatcreme vermengen. Dann mehrere Stunden durchziehen lassen und vor dem Servieren noch einmal mit Essig, Salz, Pfeffer abschmecken.

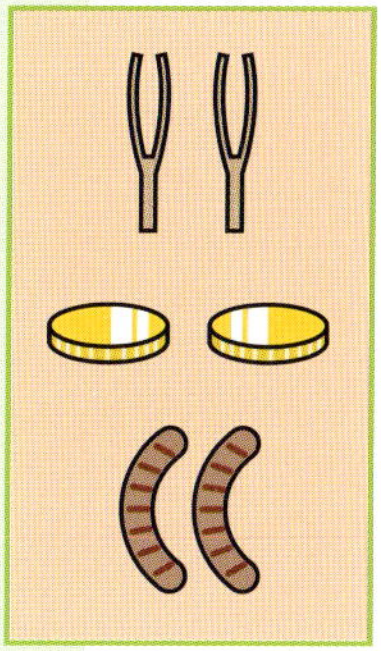

LAUWARMER KARTOFFELSALAT

In Deutschland ist er nicht nur ein traditioneller Partysalat, sondern fehlt meist auch auf keinem Grillbüffet – der Kartoffelsalat. Und: Überall schmeckt er anders, denn fast jede Familie hat ihr eigenes Rezept. Sehr häufig wird Kartoffelsalat mit Majonäse angemacht, allerdings gerade an heißen Sommertagen ist eine Essig-Öl-Sauce eine sinnvolle Alternative. Entscheidend für den Geschmack des Salats ist die Qualität der Kartoffeln – ganz junge schmecken köstlich auch mit Schale.

ZUTATEN: 500 g kleine junge Kartoffeln (ungeschält) • 2 Eier • 1 Zwiebel • 80 g mageren Speck (wahlweise Schinken) • 1/2 Bund Petersilie • 3 EL Sonnenblumenöl • 2 EL Weißweinessig • 1 EL Kapern • Salz • Pfeffer

- 1. KARTOFFELN KOCHEN: Kartoffeln waschen, in der Schale kochen und anschließend je nach Größe halbieren oder in dickere Scheiben schneiden. Natürlich kann man sie auch schälen.

- 2. EIER KOCHEN: Die Eier hart kochen und grob würfeln.

- 3. ZWIEBEL SCHNEIDEN: Die Zwiebel schälen und fein würfeln.

- 4. SPECK WÜRFELN: Den Speck in kleine Würfel schneiden, in der Pfanne mit den Zwiebeln dünsten.

- 5. PETERSILIE HACKEN: Petersilie waschen, Blätter von den Stielen zupfen und fein wiegen.

- 6. ERWÄRMEN: Öl, Essig, Salz und Pfeffer miteinander vermengen und dann die Petersilie und die Kapern unterrühren. Alles zusammen mit in die Pfanne geben und erwärmen. Eventuell noch einmal abschmecken.

- 7. SALAT ANRICHTEN: Die noch warmen Kartoffeln zunächst vorsichtig mit Speck und Eiern vermischen und dann mit dem Dressing übergießen und möglichst bald servieren.

Gegrillte Pilze

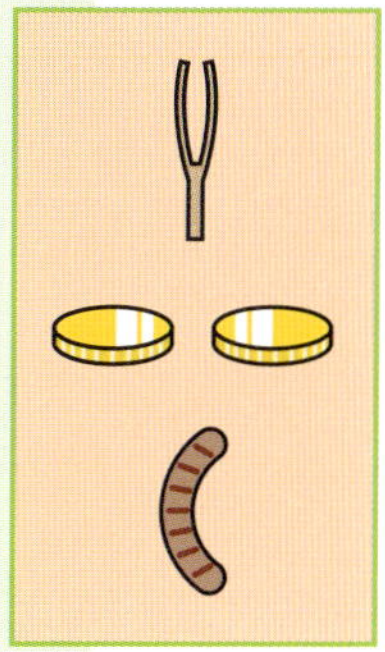

Von Pfifferling bis Reizker, von Butterpilz bis Maronenröhrling – gerade in Osteuropa hat das Pilzesammeln noch Tradition. Und auch, wenn im Sommer die Auswahl noch begrenzt ist – auch mit Champignons, Pfifferlingen oder anderen Kulturpilzen lassen sich auf dem Grill Köstlichkeiten zaubern. Wer sich mit Pilzen auskennt – und nur der! – kann mit selbst gesammelten Pilzen das Grillbüffet natürlich weiter verfeinern.

- ZUTATEN: 250 g gemischte Pilze • 1 EL Butter • Pfeffer • Salz

- 1. PILZE SÄUBERN: Gekaufte Pilze aus Kulturen sind meist nicht sehr schmutzig. Es reicht aus, die Enden der „Füße“ abzuschneiden, und den Schmutz von Schirm oder Lamellen vorsichtig mit einem Messer abzukratzen. Keinesfalls sollten die Pilze gewaschen werden.

2. GRILLEN: Die Pilze in eine Alugrillschale legen und ca. 10–15 Minuten grillen. Dabei zwischendurch wenden.

3. WÜRZEN: Kurz vor dem Servieren die Pilze mit Salz und Pfeffer würzen und die Butter darauf verteilen.

Ganz raffiniert: Kurz vor Ende der Grillzeit einige Spritzer Wodka über die Pilze geben.

Pilzragout

Zu vielen Gerichten – wie z.B. zum Hasenfilet – empfiehlt sich ein Pilzragout, das man am besten in einer Pfanne zubereitet.

ZUTATEN: 300 g gemischte Pilze (z.B. Pfifferlinge, Champignons) • 1 Schalotte • 100 g durchwachsener Speck • 1 EL Butter • Salz • Pfeffer • etwas Weißwein • 1/2 Becher Crème fraîche • einige Blättchen glatte Petersilie

1. VORBEREITEN: Pilze säubern, Schalotte abziehen und zusammen mit dem Speck würfeln.

2. BRATEN: Den Speck in einer Pfanne bei mittlerer Hitze auslassen. Schalottenwürfel hinzugeben und kurz anbraten. Pilze und Butter zufügen und goldbraun braten.

3. ABSCHMECKEN: Mit einem Schuss Weißwein ablöschen, Crème fraîche einrühren, salzen und pfeffern.

GEGRILLTE PARASOLPILZE

Milan aus Tschechien schwört auf gegrillte Parasolpilze! Diese üppigen Schirmpilze werden im Geschmack häufig mit Kalbfleisch verglichen und in der Pfanne meist wie Schnitzel paniert gebraten. Um ihn zu grillen, würzt Milan den Parasolpilz mit Salz und Kumin (Kreuzkümmel). Dann wird er in mit Öl bestrichene Alufolie gewickelt und gegrillt. Die Dauer der Grillzeit hängt natürlich von der Größe des Pilzes ab – nach ca. 5 Minuten kann man die Folie vorsichtig öffnen und den Gargrad überprüfen.

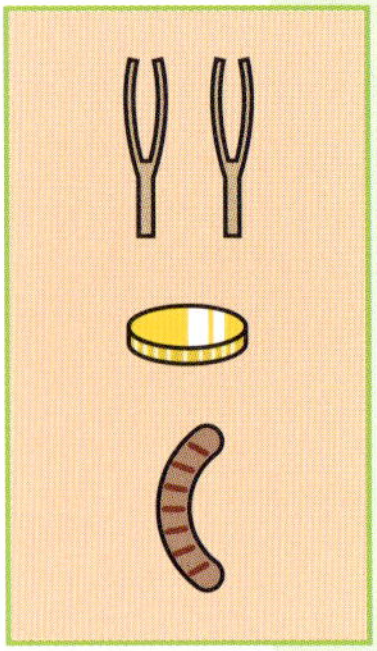

Roter Linsensalat

Linsen sind in der deutschen Küche vor allem in deftiger Suppe – mit Suppengrün und Mettwurst – beliebt. Doch besonders aus den kleinen, bereits geschälten roten Linsen lassen sich auch feine Salate zubereiten, die gut zu kräftigem Fleisch wie dicker Rippe oder Bauchfleisch passen.

ZUTATEN: 100 g rote Linsen • 2 EL Weinessig • 2 EL Rotwein • 2 EL Gemüsebrühe • 1 TL Senf • 1 TL Worchestersauce • 2 Zwiebeln • 1 EL gehackte Petersilie • 1 TL frischer Estragon (oder getrocknet) • Salz • Pfeffer • Zucker

- 1. LINSEN KOCHEN: Die Linsen in ein Haarsieb geben und unter fließendem Wasser waschen. Dann in einem kleinen Topf in 1/4 l Gemüsebrühe ca. 5–10 Minuten bissfest dünsten.

- 2. ZWIEBEL HACKEN: Die Zwiebeln schälen und in feine Würfel hacken.

- 3. DRESSING ANRÜHREN: Essig, Rotwein, Senf und Worchestersauce vermischen. Zwiebelwürfel und Kräuter dazugeben, mit Salz, frisch gemahlenem Pfeffer und etwas Zucker abschmecken.

- 4. SALAT MISCHEN: Das Dressing über die noch warmen Linsen geben und alles gut vermischen.

- 5. ZIEHEN LASSEN: Den Salat bei Zimmertemperatur abkühlen lassen.

VORHER ZUBEREITEN

Dieser Salat schmeckt besonders gut, wenn er durchgezogen ist – er lässt sich also sehr gut schon am Vortag zubereiten.

Gurkensalat

Gurkensalat aus frischen Salatgurken wird traditionell gerne mit Dill gewürzt und passt so besonders gut zu Fischgerichten. Wir stellen hier zwei Dressing-Varianten zur Wahl – einmal klassisch mit süßlicher Sahne-Dill-Sauce und alternativ mit einer klaren Estragon-Sauce. In der Regel werden die Gurken gehobelt – dann ziehen sie allerdings viel Wasser. Wer das vermeiden will, kann sie vorher der Länge nach aufschneiden und die Kerne entfernen.

Klare Estragon-Sauce

- ZUTATEN: 2 EL Essig • 4 EL Öl • 1 kleine Zwiebel • 1 TL mittelscharfer Senf (z.B. Estragonsenf) • Salz • Pfeffer • 1–2 Zweige frischer Estragon

- 1. ZWIEBEL HACKEN & DRESSING ANRÜHREN: Die Zwiebel schälen und fein würfeln. Essig und Öl, Senf und Zwiebel verrühren, mit Salz und Pfeffer abschmecken.

- 3. ESTRAGON HACKEN: Estragon waschen, Blättchen abzupfen, sehr fein hacken und unter die Sauce mischen.

SAHNE-DILL-SAUCE

ZUTATEN: 100 ml Sahne • 1 Schalotte • 1/2 Zitrone • 1 TL Zucker • Salz • Pfeffer • einige Zweige Dill

1. ZWIEBEL WÜRFELN & ZUCKER AUFLÖSEN: Schalotte schälen und sehr fein würfeln. Zitrone auspressen und den Zucker hineinrühren. So lange rühren, bis er sich aufgelöst hat.

3. DILL HACKEN & DRESSING MISCHEN: Den gewaschenen Dill fein wiegen. Die Sahne mit Zitronensaft mischen, Schalotte und Dill unterrühren und mit reichlich Salz und Pfeffer abschmecken.

UNGARISCHER SOMMERSALAT

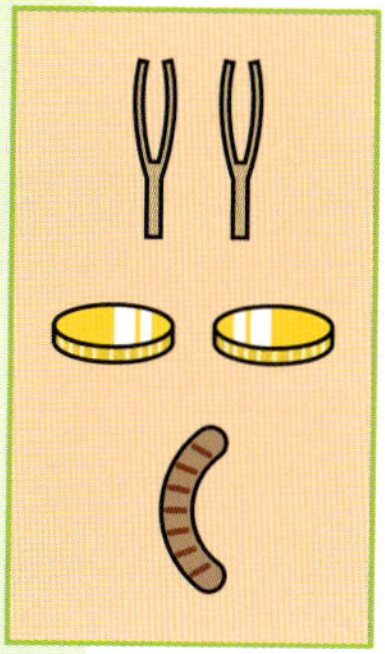

ZUTATEN: 750 g Tomaten • 2 rote Paprikaschoten • 2 rote Zwiebeln • 1 Salatgurke • $^1/_2$ Bund glatte Petersilie • $^1/_2$ Tasse Sonnenblumenöl • Salz • einige entkernte, schwarze Oliven • 150 g Schafskäse

1. TOMATEN & PAPRIKA HÄUTEN: Die Tomaten kreuzweise einritzen, mit kochendem Wasser überbrühen. Wenn die Schale aufspringt, aus dem Wasser nehmen, kalt abschrecken und häuten. Paprika waschen, trocken tupfen und auf einem Blech im Backofen bei 220 °C so lange backen, bis die Schale Blasen wirft (ca. 15–20 Min.). Abkühlen lassen und die Haut abziehen.

2. SCHNEIDEN & HACKEN: Die Stielansätze von Paprikaschoten und Tomaten wegschneiden. Tomaten würfeln, Paprika zerteilen und die Kerne entfernen. Nun in Rauten von etwa 4 cm Länge schneiden. Dann die Zwiebeln schälen. Zwiebel in feine Ringe und die gründlich gewaschene Gurke in dicke Scheiben schneiden. Die Petersilie waschen, trocknen und die Blätter grob hacken. Die Oliven in dünne Ringe schneiden.

3. SALAT ANRICHTEN: Die vorbereiteten Zutaten in einer Schüssel grob miteinander vermengen. Einige Oliven- und Zwiebelringe jedoch zurückbehalten. Den Salat salzen und den Schafskäse grob darüber bröckeln. Das Öl darüber träufeln und den Salat mit den restlichen Oliven- und Zwiebelringen dekorieren.

Roter Salat

Dieser Salat ist aufgrund der roten Zutaten optisch besonders attraktiv. Zudem lässt er sich leicht zubereiten – und die Zutaten sind recht preiswert. Durch sein kräftiges Aroma passt er zum Beispiel gut zu Makrele, Hering oder kräftigem Fleisch.

- ZUTATEN: 500 g Tomaten • 1/2 Paprika • 1/2 Bd. glatte Petersilie • 1 rote Zwiebel • 2 EL Rotweinessig • 3 EL Distelöl • Salz • Pfeffer • 1 Msp. Senf

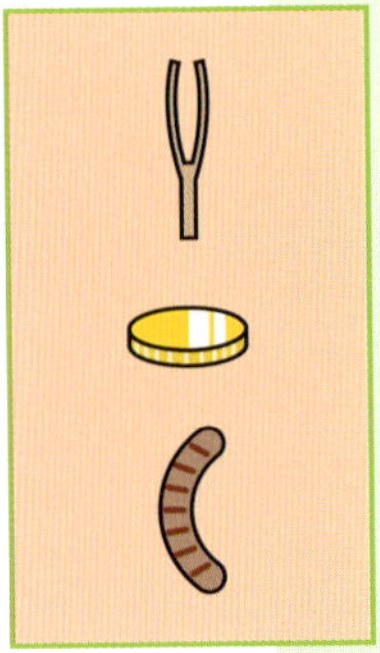

- 1. TOMATEN SCHNEIDEN: Die Tomaten waschen und achteln, dabei den Stielansatz entfernen.

- 2. PAPRIKA SCHNEIDEN: Paprika waschen, einen „Deckel" abschneiden, Kerne und weiße Häute entfernen und die Schote in dünne Ringe schneiden.

- 3. PETERSILIE HACKEN: Die Petersilie waschen, trocken tupfen, Blätter abzupfen und fein hacken.

- 4. ZWIEBEL SCHNEIDEN: Die Zwiebel schälen und in feine Ringe schneiden.

- 5. DRESSING ANRÜHREN: Essig und Öl mit Senf verrühren und mit Salz und Pfeffer abschmecken.

6. SALAT ANRICHTEN: Tomaten, Paprika, Zwiebeln und Petersilie mischen und mit dem Dressing anrichten.

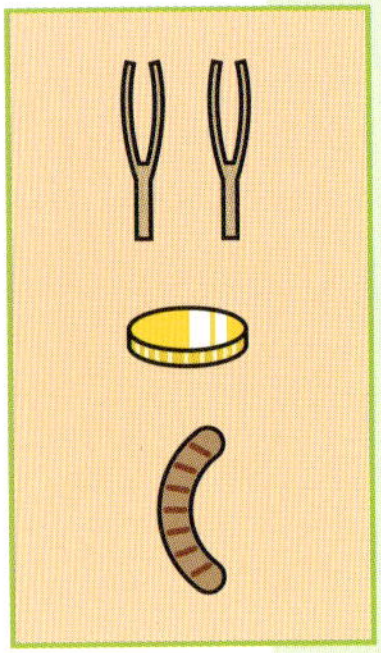

Ungarisches Schopfbrot

Dieses ungarische Hefebrot sieht wegen seines herausgezwirbelten Schopfs nicht nur originell aus, sondern erhält eine besondere geschmackliche Note durch Kartoffeln, die unter den Teig gemischt werden.

ZUTATEN: für 1 Brot von etwa 1 kg; Vorteig: 50 g Mehl • 1 Würfel Hefe • ersatzweise 1 Päckchen Trockenhefe • 100 ml warmes Wasser; Teig: 100 g mehlig kochende Kartoffeln • 1 EL Salz • 1 TL Zucker • ca. 250 ml warmes Wasser • 500 g Mehl

1. VORTEIG ANSETZEN: Frische Hefe in das Wasser bröseln, mit dem Mehl verrühren und bei Zimmertemperatur gehen lassen, bis sich das Volumen verdoppelt hat. Bei Verwendung von Trockenhefe diese zunächst gut mit dem Mehl vermengen und dann mit dem Wasser zu einem glatten Teig verrühren. Diesen Vorteig kann man bereits am Abend vor dem Backtag zubereiten.

2. KARTOFFELN KOCHEN: Die Kartoffeln in ungesalzenem Wasser kochen, abdampfen lassen, pellen und pürieren.

3. TEIG FERTIG STELLEN: Salz und Zucker in warmem Wasser auflösen. Aus den Kartoffeln, dem Vorteig und allen übrigen Zutaten einen Brotteig kneten. An einem warmen, vor Zugluft geschützten Ort gehen lassen.

4. LAIB FORMEN: Einen runden Laib formen. Mit den Fingern vorsichtig ein Stück Teig nach oben ziehen und daraus den Schopf abdrehen.

5. BACKEN: Den Ofen auf 230 °C (Umluft 220 °C) vorheizen und das Brot ca. 45 Min. goldgelb backen. Das Schopfbrot ist gar, wenn ein hineingestochenes Holzstäbchen sauber wieder herauskommt.

KNUSPRIGE KRUSTE

Wenn Sie eine Schale heißes Wasser beim Backen mit in den Ofen stellen, wird das Brot besonders knusprig ohne dabei auszutrocknen.

Kiopoulo - Paprika-Auberginen-Aufstrich

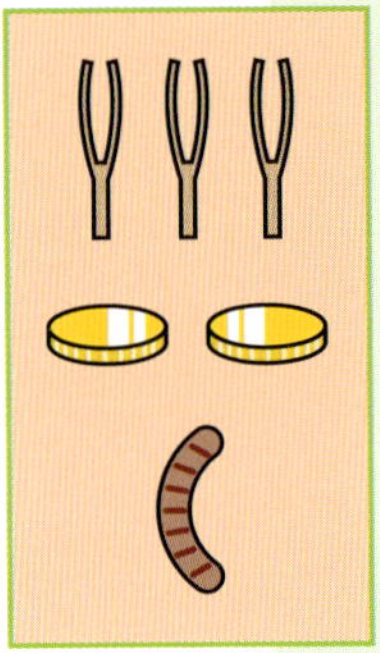

Fruchtig, pikant und scharf – dieses Paprika-Auberginen-Mus kommt ursprünglich aus Bulgarien und ist dort ein Brotaufstrich zu dunklem Brot. Kiopoulo ist jedoch auch eine perfekte Beilage zu gegrillten Pilzen oder Fleischgerichten.

- ZUTATEN: 3 rote Paprika • 2 mittelgroße Auberginen • 1 Tomate • 2 Knoblauchzehen • 1/2 Bund glatte Petersilie • 4 EL Sonnenblumenöl

- 1. GEMÜSE BACKEN: Auberginen mehrfach mit einem Rouladenspießchen einstechen und zusammen mit den Paprikaschoten im Backofen bei ca. 200 °C ca. 20–25 Min. backen. Das Fruchtfleisch der Auberginen muss weich sein, die Paprikahäute müssen Blasen werfen. Dann herausnehmen und abkühlen lassen.

- 2. TOMATE SCHNEIDEN: Die Tomate häuten, dann zunächst vierteln, den Stielansatz und die Samenkerne entfernen und schließlich in feine Würfelchen schneiden.

- 3. PAPRIKA UND AUBERGINE ZERKLEINERN: Auberginen und Paprika vorsichtig häuten, Stielansätze und Samenkörner entfernen und die Früchte in kleine Würfel schneiden.

Überall sehr beliebt

Das hier verwendete Gemüse steht in vielen Ländern auf dem Speiseplan. Mit provenzalischen Kräutern verfeinert, passt sich dieser Aufstrich so zum Beispiel auch hervorragend einem mediterranen Büffet an.

4. KNOBLAUCH ZERDRÜCKEN: Den Knoblauch schälen, in dünne Scheiben schneiden, mit Salz bestreuen und einige Minuten ziehen lassen. Dann mit einer starken Messerklinge zu einer Paste zerdrücken.

5. PETERSILIE HACKEN: Die Petersilie waschen, trocknen und fein hacken.

8. VERMISCHEN: Alle Zutaten miteinander vermischen, mit etwas Sonnenblumenöl geschmeidig machen und mit Pfeffer abschmecken.

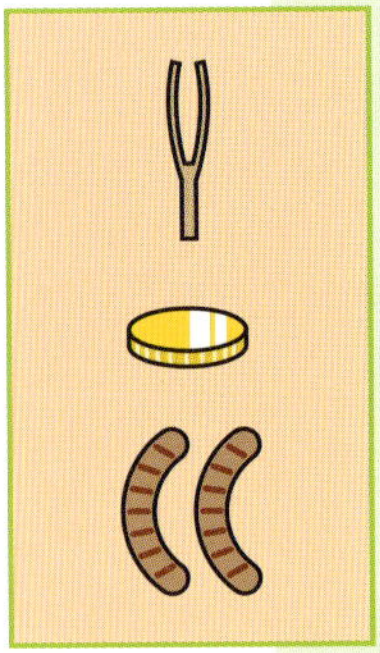

Geröstetes Schmalzbrot „Topinky“

Dieses geröstete Graubrot erhält eine besonders pikante Note durch Schmalz und Knoblauch. Topinky kommt aus Böhmen und könnte so als eine osteuropäische Variante von Bruschetta und Co bezeichnet werden: Geröstetes Brot mit einem würzigen Aufstrich, der durchaus individuell variiert werden darf.

- ZUTATEN: 2 große Scheiben Graubrot • 2 EL Schweineschmalz • 1 Knoblauchzehe • Pfeffer • Salz

- 1. KNOBLAUCH ZERDRÜCKEN: Den Knoblauch schälen, in dünne Scheiben schneiden, mit Salz bestreuen und einige Minuten ziehen lassen. Dann mit einer starken Messerklinge zu einer Paste zerdrücken.

- 2. SCHMALZ WÜRZEN & AUFSTREICHEN: Das Schmalz eventuell etwas erwärmen, sodass es weich und gut streichfähig wird. Den zerdrückten Knoblauch mit einer Gabel einarbeiten, mit Pfeffer würzen. Die Brotscheiben jeweils einmal durchschneiden und mit dem Schmalz dünn bestreichen.

- 3. BROT RÖSTEN: Das Brot zunächst mit der unbestrichenen Unterseite auf den Grillrost legen. Wenn diese Seite angeröstet ist, wenden und die Schmalzseite eine Minute rösten.

Meerrettich-Sahne

Meerrettich – auch Kren genannt – stammt ursprünglich aus Russland und Südosteuropa. Die Wurzel der Meerrettichpflanze wird gern zu Fisch, aber auch zu Rindfleisch oder mit Quark als Brotaufstrich verwendet.

- ZUTATEN: 20 g Meerrettichwurzel • 100 ml Sahne • 3 EL Zitronensaft • 1/2 TL Zucker • Salz

- 1. MEERRETTICH SÄUBERN & REIBEN: Den Meerrettich schälen und fein raspeln. Dann mit Zitronensaft beträufeln, um das Braunwerden zu verhindern.

- 2. SAHNE SCHLAGEN: Die Sahne mit dem Zucker fast steif schlagen und mit etwas Salz würzen.

- 3. MISCHEN: Den Meerrettich unter die Sahne ziehen und kühl servieren.

Schnell & Einfach: Senfbutter

Ein ebenfalls schnell zubereiteter Aufstrich – der auch direkt als Beilage zu Fleisch genutzt werden kann – ist eine Senfbutter. Je nach verwendeter Senfsorte ergeben sich dabei ganz unterschiedliche Geschmackserlebnisse. Dazu einfach weiche Butter mit Senf verrühren sowie mit einem Spritzer Zitronensaft, Salz und Pfeffer abschmecken.

Mediterran

Ein Duft von Urlaub

LEBEN WIE GOTT AM MITTELMEER

Ein lauer Abend nach einem heißen Tag: In der Luft liegt ein Hauch von Knoblauchduft, gepaart mit würzigen Aromen frischer Kräuter und dem Wohlgeruch von frisch gegrilltem Fisch und Fleisch. Es riecht nach Urlaub an den Küsten Spaniens, Frankreichs und Italiens. Und auch, wenn das abendliche Kon-

zert der Grillen rund um das westliche Mittelmeer in vielen anderen Teilen Europas nicht zu hören ist: Ein mediterraner Grillabend zaubert das Flair des Südens in den heimischen Garten.

Die Küchen dieser Länder zeichnen sich vor allem durch die Verwendung von viel frischem Gemüse, Kräutern und Gewürzen aus. Dank der Nähe zum Mittelmeer spielen Fisch und Meeresfrüchte, die fangfrisch auf den Tisch kommen, eine prägende Rolle. Und nicht zu vergessen: Mehr als drei Viertel aller Olivenbäume der Welt wachsen im Mittelmeerraum. Kein Wunder also, dass Oliven und das aus ihnen gepresste Öl – das so genannte flüssige Gold – der mediterranen Küche einen typischen Geschmack verleihen.

Die genannten Zutaten machen diese Küche nicht nur geschmacklich attraktiv, sondern auch besonders gesund. Dafür sorgen die Vitamine aus frischem Gemüse, wertvolles Jod und Omega-3-Fettsäuren aus Fisch sowie ungesättigte Fettsäuren aus Olivenöl.

Frische Kräuter prägen die Küche

Besonderes Aroma erhalten mediterrane Gerichte durch landestypische Kräuter wie Rosmarin, Thymian, Oregano und Basilikum. Sie sind auch Bestandteil verschiedener Kräutermischungen, die man – falls nicht frisch zur Hand – ebenso getrocknet verwenden kann. Rosmarin steht vor allem in der italienischen und in der provenzalischen Küche hoch im Kurs und wird gern mit Lammfleisch kombiniert – in diesem Kapitel stellen wir Rezepte für ein mit dem würzigen Kraut mariniertes Lammkotelett (siehe S. 143) sowie für Rosmarinkartoffeln (siehe S. 155) vor.

Lamm ist neben Geflügel bevorzugtes Fleisch in den Küchen des Mittelmeers. Hier erhält ein Lammkarree durch Lavendel ein außergewöhnliches Aroma (siehe S. 145). Seine Zweige, die im Frühsommer ganze Felder in der Provence in duftend blaue Meere verwandeln, sorgen zudem – in der Glut verbrannt – für würzigen Duft am Grill.

Basilikum ist aus der italienischen Küche nicht wegzudenken: Im Trio mit Tomaten und Mozzarella gilt es fast schon als Klassiker, der in diesem Kapitel zu einer aromatischen Salsa mit Büffelmozzarella veredelt wird (siehe S. 166). Und auch das Zitronen-Basilikum-Hühnchen (siehe S. 148) besticht durch das zarte Aroma des Basilikums.

EINSTIMMUNG MIT ANTIPASTI UND CO.

Ein mediterraner Grillabend lebt aber nicht allein von den Grillrezepten und Beilagen, sondern vor allem auch von den typischen Tischzugaben der Regionen: So darf z.B. frisches Brot wie französisches Baguette oder italienisches Ciabatta genauso wenig fehlen, wie Wasser und Wein.

Bei den Weinen entscheidet man sich am besten für typische Vertreter. Zu einem überwiegend italienisch geprägten Grillabend passt nicht nur roter Chianti, sondern genauso ein spritziger weißer Prinot Grigio. Aus den französischen Anbaugebieten empfehlen sich selbstverständlich die Rotweine aus Bordeaux, aus spanischen natürlich der berühmte Rioja.

Zur Einstimmung reicht man Antipasti, Tapas und Co. Eingelegte Auberginen über Paprika bis hin zu Zucchini dürfen dabei genauso wenig fehlen wie Oliven, Weißbrot und Butter. Besonders attraktiv sind gegrillte Speckpflaumen (siehe S. 133) oder auch Zucchiniröllchen (siehe S. 161).

Garnelenspiess

Garnelen bekommt man bei Fischhändlern sowohl frisch als auch tiefgefroren.

Rohe Garnelen erkennt man an ihrer gräulich-bräunlichen Färbung. Das typische Garnelen-Rot entsteht erst beim Erhitzen der Krustentiere. Garnelen eignen sich sehr gut zum Grillen – ob mit oder ohne Schale. Für Garnelenspieße empfiehlt es sich, nur das Fleisch zu verwenden. In der mediterranen Küche werden die Krustentiere gerne mit Knoblauch kombiniert und zusammen mit Salat serviert.

Die Menge der Garnelen hängt nicht nur von der Größe der Tiere, sondern auch der der Spieße ab. 4 bis 5 Stück pro Person und Spieß sind empfehlenswert, wenn die Spieße neben Fisch und Fleisch angeboten werden.

Die Grösse entscheidet

Garnelen gibt es nicht nur in Tausenden von Arten, sondern auch in unterschiedlichen Größen und mit verschiedensten Bezeichnungen. Die küchentechnische Einteilung dieser Krustentiere erfolgt nach ihrer Größe, wobei die Namensgebung international nicht einheitlich ist. Als Shrimps werden zumeist die ganz kleinen Garnelen bezeichnet, größere Arten werden auch Prawns genannt. In der Nordsee lebt die häufig gefischte Nordseegarnele. Für die Riesengarnelen sind weltweit inzwischen die Bezeichnungen „Riesen-“, „Tiger-“ oder „King-Garnelen“ üblich.

Die Garnelen werden nur leicht gesalzen und auf die Spieße gesteckt. Der Grill sollte nicht zu heiß sein, und die Garnelen sollten nicht zu lange darauf liegen bleiben, sie müssen noch etwas weich sein, um richtig gut zu schmecken.

Bei Tisch können die Garnelen entweder nur mit etwas Pfeffer und ein paar Tropfen Zitrone gewürzt oder mit einer Sauce serviert werden.

Lachssteak in Knoblauch

Lachse sind nicht nur beliebte, sondern auch wertvolle Speisefische: Sie sind sehr vitaminreich und enthalten mehrfach ungesättigte Omega-3-Fettsäuren, denen eine gesundheitsfördernde Wirkung zugeschrieben wird. Das Lachsfleisch hat – je nach Nahrung der Fische – eine zartrosa bis orangerote Färbung und eine feste Konsistenz. Zum Grillen eignen sich besonders die Koteletts, die bei Lachsen auch Steaks genannt werden.

ZUTATEN: 4 Lachssteaks • 1/4 Tasse Olivenöl • 2 Knoblauchzehen • Salz

1. KNOBLAUCH SCHNEIDEN: Die Knoblauchzehen in dünne Scheiben schneiden.

2. MARINADE ANRÜHREN: Etwas Salz in das Olivenöl rühren und die Knoblauchscheiben dazu geben.

3. LACHS MARINIEREN: Die Lachssteaks in eine Schale legen, mit der Marinade bestreichen und mindestens eine Stunde marinieren. Zwischendurch wenden.

4. GRILLEN: Die Steaks etwas abtropfen und je nach Dicke der Scheiben ca. 3 Minuten von jeder Seite grillen.

Vom Alltagsgericht zur Delikatesse

Wildlachse lebten früher in solch großen Schwärmen in vielen europäischen Flüssen, dass ihr Fleisch eine Alltagsspeise für jedermann war. So weigerten sich im 19. Jahrhundert sogar zeitweise die Dienstboten, jeden Tag Lachs essen zu müssen. Mit der zunehmenden Verschmutzung der Gewässer verschwanden die Lachse jedoch und wurden zur Delikatesse. Heute kommt die meiste Handelsware von großen Lachsfarmen.

Makrelenspiess

Makrelen werden häufig im Ganzen gegrillt, aber ihre Filets eignen sich auch für eine mal etwas andere Art von Spieß: Hier werden nämlich keine mundgerechten Stückchen aufgespießt – sondern das ganze Filet. Es wird wellenartig aufgesteckt, sodass sich in Verbindung mit der blau-gestreiften Musterung des Salzwasserfisches ein attraktives Bild ergibt.

ZUTATEN: 4 Makrelenfilets • 1/2 Zitrone • Salz

- 1. SÄUBERN: Die Fischfilets unter kaltem Wasser abspülen und trocken tupfen.

- 2. SÄUERN: Die Zitrone auspressen und über die Filets träufeln.

- 3. SALZEN: Die Filets sparsam salzen.

- 4. SPIESSE BESTÜCKEN: Je ein Filet wellenartig auf einen Spieß stecken.

- 5. GRILLEN: Von jeder Seite 2 bis 3 Minuten grillen, mit der Hautseite beginnen und den Fisch möglichst nur einmal wenden.

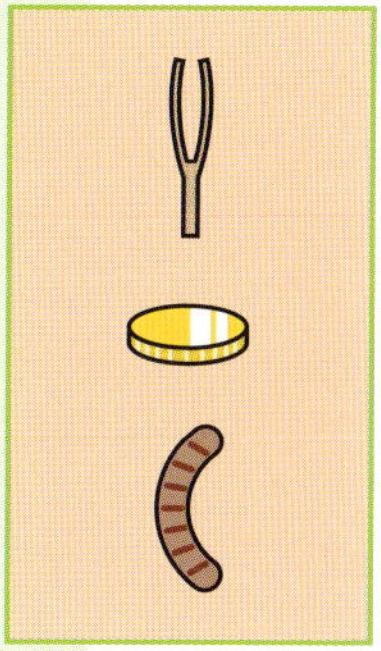

Dorade mit Orangen-Pfeffer-Marinade

Schon der Name klingt edel und fein: Dorade – zu Deutsch Goldbrasse oder Dorade royale auf Französisch – wirklich königlich. Im antiken Griechenland wurde dieser Fisch von Göttin Aphrodite sogar als heilig angesehen; und so verdient es die Dorade, mit einer besonders delikaten Marinade veredelt zu werden. Man grillt sie am besten im Kugelgrill.

- ZUTATEN: 1 Dorade von ca. 1,5 bis 2 kg; für die Marinade: 1 Orange • 1 rote Zwiebel • 4 EL Olivenöl • 1 EL Apfelessig • 2 EL eingelegter grüner Pfeffer • 2 EL Petersilie • Salz • Zucker

- 1. SÄUBERN: Die Dorade unter kaltem Wasser abspülen und anschließend abtupfen.

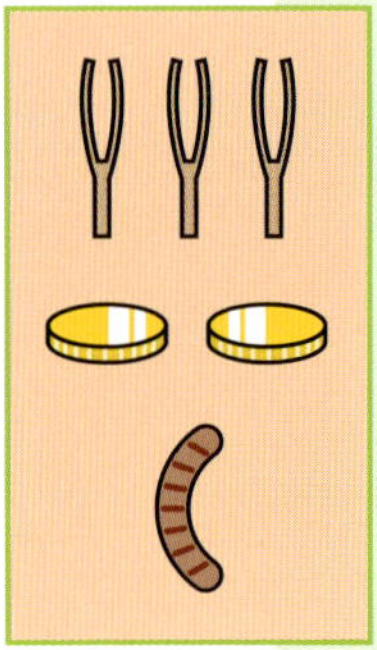

2. SALZEN: Den ganzen Fisch auch von innen gut salzen.

3. ORANGE SCHNEIDEN: Die Orange schälen, die weiße Haut ebenfalls abschneiden und die Frucht in nicht zu dicke Scheiben schneiden.

4. ZWIEBEL WÜRFELN: Die Zwiebel schälen und in feine Würfel schneiden.

5. PETERSILIE HACKEN: Die Petersilie waschen, trocknen, die Blätter abzupfen und klein hacken.

6. MARINADE ANRÜHREN: Öl und Essig miteinander verrühren, Salz und Zucker in der Mischung so lange rühren, bis sie sich aufgelöst haben. Zwiebelwürfel, Petersilie und grünen Pfeffer hinzugeben.

6. FISCH MARINIEREN: Den Fisch auf ein ausreichend großes Stück feste Alufolie legen. Mit der Marinade bestreichen, dabei einen Teil der Flüssigkeit auch in die Bauchöffnung geben. Die Orangenscheiben auf den Fisch legen und die Folie gut verschließen. Die Marinade etwa 30 Minuten einwirken lassen.

7. GRILLEN: Die Dorade im geschlossenen Kugelgrill oder auf dem Rost in Alufolie grillen; nach ca. 20 Min. mit einem langen Metallspieß Garprobe machen: dazu den Spieß an der dicksten Stelle in den Fisch stechen, nach einem kurzen Moment wieder herausziehen. Wenn sich die Spießspitze aufheizt, ist der Fisch gar.

Lammkotelett mit Rosmarin

Beim Lamm unterscheidet man zwischen Lenden- und Stielkoteletts – letztere kommen aus dem vorderen Rückenstück. Bei den Lendenkoteletts, die aus dem hinteren Rücken geschnitten werden, sind die kleinen Filets angewachsen. Beide Arten sind saftig, zart, edel – und damit leider auch recht teuer.

Da die Lendenkoteletts sehr klein sind, werden sie oft auch doppelt – also als Schmetterlingskoteletts angeboten. Die Stielkoteletts gibt es einzeln. Werden einzelne Scheiben aus dem Kotelettstrang herausgelöst, so nennt man diese auch Lamm-Chops. Im folgenden Rezept trifft das Lammfleisch bereits vor dem Grillen auf eine Mischung aus Rotwein und Rosmarin.

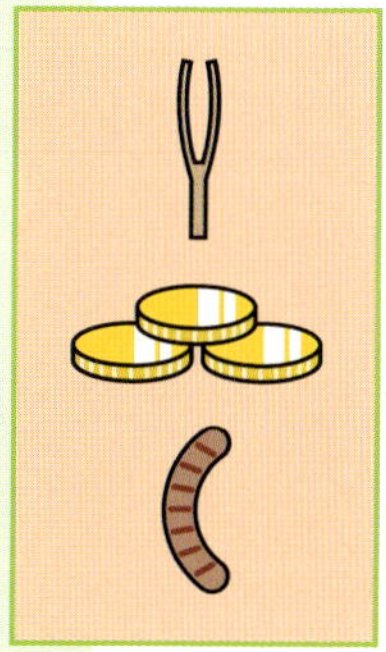

- ZUTATEN: 8 einfache Lammkoteletts (Chops); für die Marinade: 2 EL Balsamico • 2 EL Rotwein • 3 EL Olivenöl • Salz • Pfeffer • 1 Rosmarinzweig

- 1. FLEISCH VORBEREITEN: Die Koteletts kurz unter kaltem Wasser abspülen und trocken tupfen.

- 2. MARINADE ANRÜHREN: Balsamico-Essig, Rotwein, Salz und Pfeffer gut verrühren, dann das Öl zugeben und alles nochmals gut vermischen.

- 3. ROSMARIN HACKEN: Den Rosmarin abbrausen, ebenfalls trocken tupfen und die Nadeln abzupfen. Die Nadeln mit einem Wiegemesser fein wiegen und unter die Marinade rühren.

- 4. FLEISCH MARINIEREN: Das Fleisch in einen passenden Teller legen und mit der Marinade übergießen. Mindestens eine Stunde marinieren, dabei zwischendurch wenden.

- 5. GRILLEN: Das Fleisch von jeder Seite ca. 2 Minuten grillen, es sollte noch rosa sein.

Als Getränk empfiehlt sich hier derselbe Rotwein, der in der Marinade verwendet wurde. Baguette, Schafskäse, Tomaten und Oliven sind gute Begleiter.

LAMMKARREE MIT LAVENDELMARINADE

Der Lammrücken liefert nicht nur die kleinen zarten Lammkoteletts, sondern auch das so genannte Lammkarree, wie die Koteletts am Stück heißen. Der besondere Clou an dieser provenzalischen Variante: Lavendelzweige, die in der Glut verbrannt werden, verströmen einen einzigartigen Duft.

ZUTATEN: 4 Lammkarreestücke bestehend aus jeweils 4 bis 5 Koteletts; für die Marinade: 1 Schalotte • 1 EL Lavendelblüten • 1 EL Balsamessig • 1 EL Zitronensaft • 2 EL Olivenöl • Salz • Pfeffer • einige Lavendelzweige

1. FLEISCH VORBEREITEN: Das Fleisch kurz kalt abspülen und trocken tupfen.

2. SCHALOTTE HACKEN: Die Schalotte schälen und in sehr feine Würfel schneiden.

3. MARINADE ANRÜHREN: Aus Essig, Zitronensaft und Öl sowie den Zwiebelwürfeln, den Lavendelblüten, Pfeffer und Salz eine Marinade anrühren.

4. FLEISCH MARINIEREN: Das Lammfleisch mit der Marinade bestreichen und mindestens 30 Minuten einwirken lassen.

5. FLEISCH GRILLEN: Das Karree zuerst auf der Knochenseite grillen. Es sollte mehrfach gewendet werden und schließlich kurz am Rand liegen und ruhen.

6. LAVENDEL VERBRENNEN: Während der Ruhezeit des Fleisches werden die Lavendelzweige in die Glut gelegt, um beim Verbrennen ihren Duft zu verbreiten.

Das Lammkarree sollte medium serviert werden, so entfaltet es am besten seinen unvergleichlichen Geschmack.

Geröstete Kartoffeln sind ein perfekter Begleiter zu dieser mediterranen Spezialität. Wer eine Vielfalt provenzalischer Kräuteraromen gleichzeitig erleben möchte, bereitet hierzu die Rosmarinkartoffeln (s. S. 155) zu, wer den Lavendelgeschmack für sich genießen möchte, hält sich mit weiteren Kräutern zurück.

ZITRONEN-BASILIKUM-HÜHNCHEN

Hühnerfleisch ist ein vielseitiger und dankbarer Geschmacksträger. Aufgrund seines nicht allzu intensiven Eigengeschmacks kann man es gut mit feinwürzigen Kräutern wie zum Beispiel Basilikum kombinieren.

ZUTATEN: 2 Hähnchenbrüste ohne Knochen; für die Marinade: 6 EL Olivenöl • 3 EL Zitronensaft • 1 Knoblauchzehe • 2 EL Basilikumblätter • Pfeffer • Salz

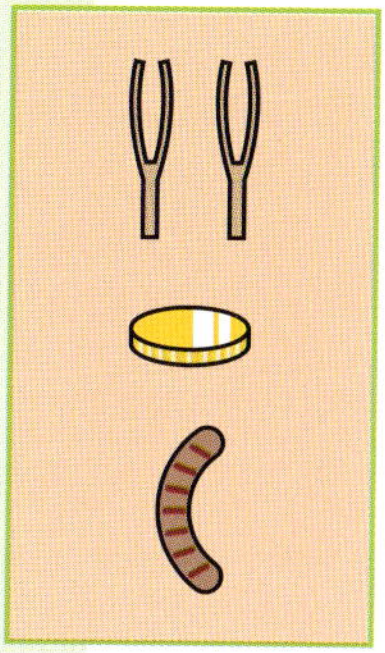

1. FLEISCH VORBEREITEN: Die Hühnerbrüste waschen, trocken tupfen und jeweils längs halbieren.

2. BASILIKUM HACKEN: Das Basilikum waschen, trocknen, die Blätter von den Stielen zupfen und fein hacken.

3. KNOBLAUCH ZERDRÜCKEN: Die Knoblauchzehe schälen, in dünne Scheiben schneiden, salzen und nach einigen Minuten mit einem Messerrücken zerdrücken.

3. MARINADE ANRÜHREN: Zitronensaft, Knoblauch, Öl, Pfeffer und Basilikum miteinander verrühren. Da das Knoblauchmus bereits salzig ist, weiteres Salz vorsichtig dosieren.

4. FLEISCH EINSCHNEIDEN: Die Hühnerbrüste auf der Oberseite vier- bis fünfmal ca. 1 cm tief quer ein-

IN FOLIE GRILLEN

Um möglichst viel von der Marinade zu erhalten, kann man das Fleisch auch zunächst in Folie gewickelt grillen und erst kurz vor dem Servieren auspacken. Dann fehlt ihm allerdings noch die appetitliche und grilltypische Bräune. Wer darauf nicht verzichten möchte, legt das Fleisch noch einmal ohne Folie kurz auf den Grillrost. Dabei darauf achten, dass das Grillgut nicht anbrennt.

schneiden und die Marinade in die Öffnungen streichen.

- 5. MARINIEREN: Die Hühnerbrüste abgedeckt mindestens eine Stunde marinieren.

- 6. GRILLEN: Mit der unmarinierten Seite zuerst auf den Grill legen und diese Seite ca. 10 Minuten grillen. Dabei das Fleisch zwischendurch etwas bewegen, damit es nicht am Rost festklebt. Nach dem Wenden die Oberseite ungefähr 5 Minuten grillen.

RINDERFILET

Auch in Spanien, Frankreich oder Italien schätzt man ein kräftiges Stück Rindfleisch, allem voran natürlich das feine Filet. Wer mag, kann das Fleischstück nach dem Grillen mit mediterranen Kräutern würzen oder aber mit einer der regional typischen Saucen genießen.

- ZUTATEN: 4 Rinderfilets à 180–200 g • Pfeffer • Salz

- 1. VORBEREITEN: Das Fleisch zunächst waschen und dann gut trocken tupfen.
- 2. GRILLEN: Das Fleisch auf den sehr heißen Grill legen und von jeder Seite ca. 2 Minuten grillen.
- 3. RUHEN LASSEN: Die Filets 2 Minuten am Rande des Rostes ruhen lassen, dabei einmal wenden.
- 4. WÜRZEN: Je nach Geschmack wird das Filet direkt am Tisch gesalzen und gepfeffert. Wer mag würzt zudem mit Kräutern.

SPECKPFLAUMENSPIESS

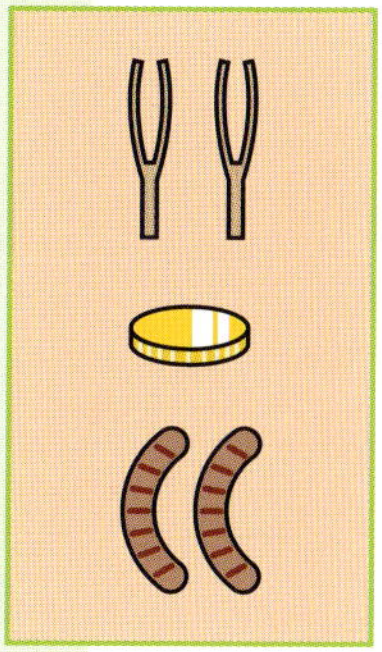

Die fruchtige Süße von Pflaumen und das feine Aroma eines edlen Schinkens verbinden sich hier zu delikaten Häppchen, die genauso als Vorspeise, wie auch zwischendurch genascht werden können.

Wer einen kräftigen und salzigeren Geschmack bevorzugt, kann alternativ zu dem luftgetrockneten Serranoschinken auch geräucherten Schinken wählen. Achten sie jedoch darauf, dass die Scheiben dann nicht zu groß ausfallen, damit der salzige Geschmack nicht zu stark hervortritt.

- ZUTATEN: (für 4 Spieße) 16 Pflaumen • 8 Scheiben Serranoschinken oder Schinken nach Wahl

- 1. PFLAUMEN ENTSTEINEN: Die Pflaumen waschen und so entsteinen, dass die Frucht ganz bleibt.

- 2. SCHINKEN SCHNEIDEN: Die meist recht großen Schinkenscheiben längs durchschneiden.

ANDERE FRÜCHTCHEN

Alternativ zu den Pflaumen können auch Datteln oder frische Feigen verwendet werden. Importierte Feigen sind jedoch meist nicht so intensiv im Geschmack, wie frisch geerntete im Anbauland!

- 3. PFLAUMEN UMWICKELN: Die einzelnen Pflaumen jeweils fest in ein Stück Schinken einwickeln. Zweimal umwickeln ist ausreichend, schneiden Sie den Schinken ggfs. vorher in entsprechend kleine Stücke.

- 4. SPIESS BESTÜCKEN: Jeweils vier Speckpflaumen eng auf einen mittelgroßen Spieß stecken.

- 5. GRILLEN: Beim Grillen darauf achten, dass der Schinken zwar kross wird, aber nicht anbrennt. Nach einiger Zeit an den Rand des Grillrostes legen!

Rosmarinkartoffeln

ZUTATEN: 4 bis 6 nicht zu große Kartoffeln • Olivenöl • 1 Zweig frischer Rosmarin • Salz

1. KARTOFFELN VORBEREITEN: Die Kartoffeln schälen, waschen und von einer Seite mehrmals bis zur Hälfte tief einschneiden.

2. KARTOFFELN ÖLEN: Kartoffeln einzeln auf Alufolienstücke legen und mit etwas Öl bepinseln.

3. ROSMARIN EINSTECKEN: Vom Rosmarinzweig jeweils einige kleine Nebenzweige abzupfen und in die Kerben der Kartoffeln stecken.

4. KARTOFFELN SALZEN: Kartoffeln salzen und die Folie dicht verschließen.

5. GRILLEN: Die Kartoffeln am Rande des Grillrostes garen, also nicht zu heiß. Zwischendurch mit einem Holzspieß oder einer Gabel prüfen, ob sie schon weich sind.

Folienkartoffeln können sehr gut indirekt bei mittlerer Hitze gegrillt werden. Bei großen Kartoffeln dauert dies bis zu einer Stunde, kleinere garen natürlich sehr viel schneller.

KARTOFFELPFANNE

Bratkartoffeln aus rohen Kartoffeln sind recht schnell gemacht und können mit verschiedensten Zutaten aufgepeppt werden. Hier geben Frühlingszwiebeln und Tomaten ein sommerlich-fruchtiges Aroma. Wer mag, kann zudem typische mediterrane Kräuter – wie z.B. frischen Thymian oder Majoran – hinzugeben.

ZUTATEN: 500 g fest kochende Kartoffeln, Frühlingszwiebeln • Cocktailtomaten • Pfeffer • Salz • 2 EL Olivenöl

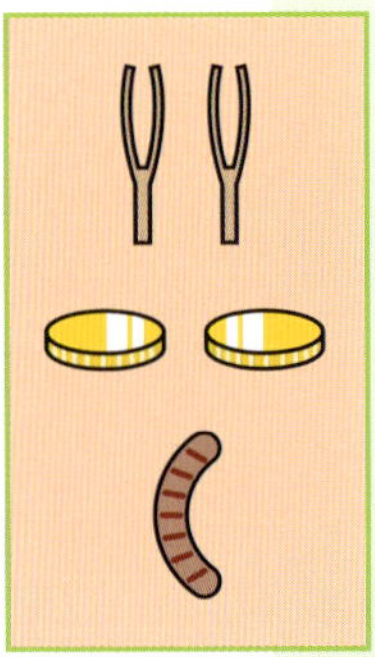

1. KARTOFFELN VORBEREITEN: Die Kartoffeln schälen, waschen und in dünne Scheiben schneiden.

2. ZWIEBELN SCHNEIDEN: Die Frühlingszwiebeln waschen, den grünen Teil in größere Stücke schneiden, das weiße Ende in dünnere Ringe.

3. KARTOFFELN BRATEN: Das Olivenöl in einer Pfanne erhitzen und die Kartoffeln im heißen Öl goldbraun garen. Nach 5 Minuten zunächst die weißen, etwas später die grünen Teile der Zwiebeln hinzugeben und weiter garen.

4. TOMATEN HINZUGEBEN: Kurz vor Ende der Bratzeit die gewaschenen und halbierten Cocktailtomaten

auf die Kartoffeln geben. Sie brauchen nicht zu garen, sondern sollten lediglich warm werden.

5. WÜRZEN: Vor dem Servieren mit Salz und Pfeffer würzen.

RATATOUILLE

MIT SCHUSS

Eine besonders kräftig pikante Note erhält die Ratatouille, wenn man einen Schuss Rotwein hinzugibt.

Ratatouille ist ein französischer Gemüseeintopf, in dem möglichst viel frisches Gemüse verarbeitet wird. Klassische Zutaten sind meist Auberginen, Paprika und Zucchini. Je nach saisonalem Angebot und individuellen Geschmacksvorlieben kann man auch die Gemüsesorten nach Belieben variieren. Nicht fehlen sollten Zwiebeln und Knoblauch, Olivenöl und Kräuter wie Rosmarin, Thymian und Oregano. Falls die Kräuter nicht frisch zur Hand sind, bieten getrocknete Kräuter der Provence eine gute Alternative.

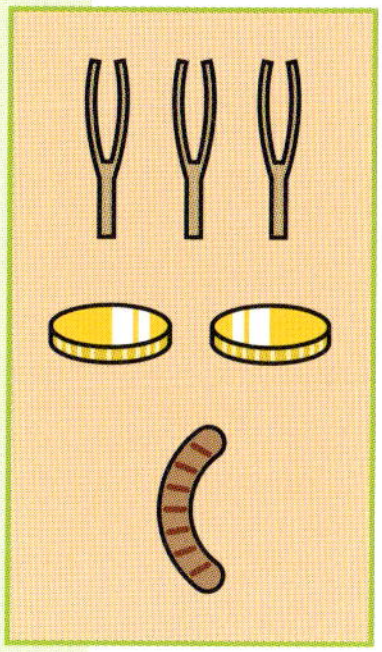

ZUTATEN: 1 kleine Aubergine • 1 Gemüsezwiebel • 3 Knoblauchzehen • 2 EL Olivenöl • 2 bunte Paprikaschoten • 1 mittelgroße Möhre • 1 mittelgroße Zucchini • 300 g Tomaten • 1 EL Tomatenmark • frische Kräuter (einige Zweige Thymian und Oregano) • 1 Zweig Rosmarin • 1/2 Bund glatte Petersilie oder alternativ 1 EL getrocknete Kräuter der Provence • 300 ml Gemüsebrühe • Salz • Pfeffer

1. AUBERGINE VORBEREITEN: Die Aubergine waschen, Stielansatz entfernen und die Frucht in ca. 3 cm dicke Scheiben schneiden. Die Scheiben auf einen Teller legen, von beiden Seiten salzen und zunächst beiseite stellen. Die Auberginen „schwitzen" so die in ihnen enthaltenen Bitterstoffe aus.

2. ZWIEBEL UND KNOBLAUCH SCHNEIDEN: Die Zwiebel schälen und in große Würfel schneiden. Knoblauch schälen und fein würfeln.

3. ANBRATEN: Das Olivenöl in einem großen Topf erhitzen, Zwiebel und Knoblauch darin anbraten.

4. PAPRIKA UND MÖHRE HINZUGEBEN: Die Möhre schaben und in 1/2 cm dicke Scheiben schneiden. Paprika waschen, aufschneiden, von Kernen und Stielansatz befreien und in Stücke schneiden. Beides in den Topf geben und ebenfalls anbraten.

5. AUBERGINE WEITER VERARBEITEN: Die ausgeschwitzte Flüssigkeit mit Küchenkrepp von den Auberginenscheiben tupfen. Dann die Scheiben in Würfel schneiden und zum Ratatouille geben.

6. ZUCCHINI UND TOMATEN WÜRFELN: Die Zucchini waschen, Blütenansatz abschneiden und die Frucht würfeln. Tomaten waschen, halbieren, Stielansatz herausschneiden, diese Früchte in größere Stücke teilen.

7. TOMATENMARK ZUGEBEN: Das Tomatenmark unter das Gemüse im Topf rühren und die Tomaten- und Zucchinistücke hinzufügen.

8. KRÄUTER ZUGEBEN: Frische Kräuter waschen, von den Stielen lösen, Rosmarin und Petersilie klein schneiden und mit in den Topf geben.

9. BRÜHE ANGIESSEN: Jetzt etwas Brühe angießen.

10. WÜRZEN: Die Ratatouille mit Salz und Pfeffer würzen und mindestens 15 Minuten auf kleiner Flamme köcheln lassen. Zum Abschluss eventuell nachwürzen, den Gemüseeintopf dann möglichst heiß servieren.

ZUCCHINI-RÖLLCHEN

Diese Zucchini-Röllchen sind ein attraktiver Blickfang auf dem Grillbuffet. Die Creme zum Füllen ist schnell gemacht, das Schneiden, Bestreichen und Aufrollen der Zucchini erfordert allerdings etwas Geduld und Fingerspitzengefühl.

Die im folgenden Rezept angegebene Zucchini-Menge ist eine Circa-Angabe – je nachdem, wie groß die Früchte sind, wie dünn man schneidet und wie groß die Auflaufform ist, benötigt man mehr oder weniger. Am besten ein oder zwei Zucchinis auf Vorrat mehr einkaufen.

Reste köstlich verwerten

Die jeweils ersten und letzten Scheiben der Früchte bestehen hauptsächlich aus Schale und lassen sich nicht rollen. Diese Stücke können gewürfelt und z.B. mit fein gehackten Zwiebeln in der Pfanne angebraten werden. Dazu passt dann auch die Käsecreme. Und: Wenn es ganz schnell gehen soll, kann auch ein fertig aromatisierter Frischkäse (z.B. Kräuter der Provence oder auch Tomate-Basilikum) zum Füllen der Röllchen verwendet werden.

ZUTATEN: 4 mittelgroße Zucchini • 4 getrocknete, eingelegte Tomaten • 200 g Doppelrahm Frischkäse • ca. 1/4 Becher flüssige Sahne • 1 Bund Basilikum • 1/2 Bund glatte Petersilie • Salz • Pfeffer • Butter für die Form

1. ZUCCHINI VORBEREITEN: Die Zucchini waschen, die Stielenden abschneiden. Dann längs in möglichst dünne Scheiben schneiden, zum Beispiel mit dem elektrischen Allesschneider, oder auch mit einem ausreichend breiten Käsehobel. Die Scheiben müssen so dünn sein, dass man sie rollen kann! Die grünen Randscheiben werden nicht verwendet (Verarbeitungstipp siehe links).

2. TOMATEN HACKEN: Die Tomaten abtropfen und in sehr feine Stückchen schneiden bzw. hacken.

3. KÄSECREME ANRÜHREN: Den Frischkäse aufrühren und so viel flüssige Sahne einrühren, dass eine gut streichfähige Creme entsteht.

4. KRÄUTER HACKEN: Petersilie und Basilikum waschen, trocken tupfen, Blätter von den Stielen zupfen, fein wiegen.

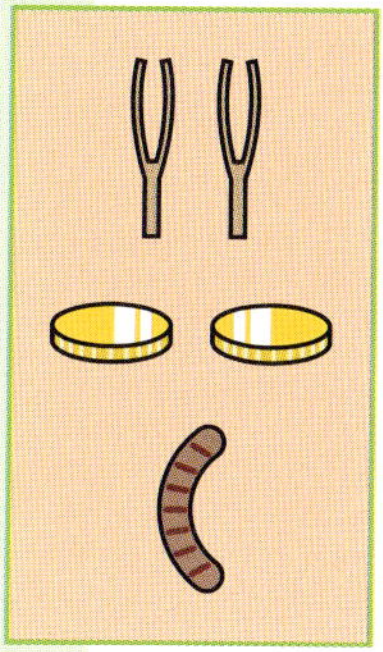

- 5. CREME MISCHEN: Tomatenstückchen und Kräuter in die Käsecreme rühren, mit Salz und Pfeffer kräftig abschmecken.

- 6. AUFLAUFFORM BUTTERN: Eine kleine, möglichst niedrige Auflaufform mit Butter ausstreichen.

- 7. ZUCCHINIS BESTREICHEN: Die Zucchinischeiben von einer Seite dünn mit Käsecreme bestreichen.

- 8. ZUCCHINIS ROLLEN: Die Scheiben aufrollen und dicht nebeneinander in die Auflaufform setzen. Da sie sich gegenseitig stützen, sollte die ganze Form am Ende gut gefüllt sein.

- 8. ÜBERBACKEN: Den Backofen auf 200 °C vorheizen und dann bei Umluft so lange backen, bis sich die Ränder goldbraun verfärben.

RUCOLA-SALAT MIT PARMESAN

Die Rauke ist eine Salatpflanze, die meist unter ihrem italienischen Namen „Rucola“ im Handel angeboten wird. Besonders in der Toscana wird sie gerne unter grünen Salat gemischt. Man kann Rucola jedoch auch für sich genießen – das etwas herbe, würzige Aroma harmoniert gut mit Parmesan oder anderem italienischen Hartkäse.

ZUTATEN: 250 g Rucola • 100 g Parmesankäse; für das Dressing: 5 EL Olivenöl • 2 EL Aceto Balsamico • Salz • Pfeffer

1. SALAT WASCHEN: Die Rucola-Blätter kalt abbrausen und trocken schleudern. Unschöne Blätter ggfs. aussortieren.

2. DRESSING MISCHEN: Essig und Öl verrühren und mit Salz und Pfeffer abschmecken.

3. SALAT ANRICHTEN: Rucola in einer Schüssel anrichten und das Dressing erst unmittelbar vor dem Servieren über den Salat geben und locker durchmengen.

4. PARMESAN HOBELN: Den Parmesan hobeln und den Salat damit großzügig bestreuen.

Süsse Farbtupfer

Einige halbierte Cocktailtomaten als Dekoration verleihen dem Salat einen farblichen Kontrast und bringen ihm zudem eine süß-fruchtige Geschmacksnote.

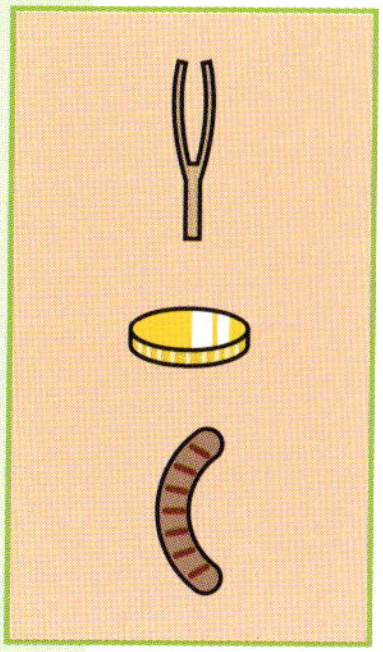

TOMATEN-MOZZARELLA-SALSA

Die Kombination von Tomaten, Mozzarella und Basilikum kennt man als italienische Antipasta – in Scheiben angerichtet und mit ganzen Basilikum-Blättern bestreut, würzt man es dann zumeist individuell mit Balsamico-Essig und Olivenöl. Hier werden die Zutaten mit einem Dressing zu einer pikanten Salsa verarbeitet, die zum Rindfleisch gereicht wird.

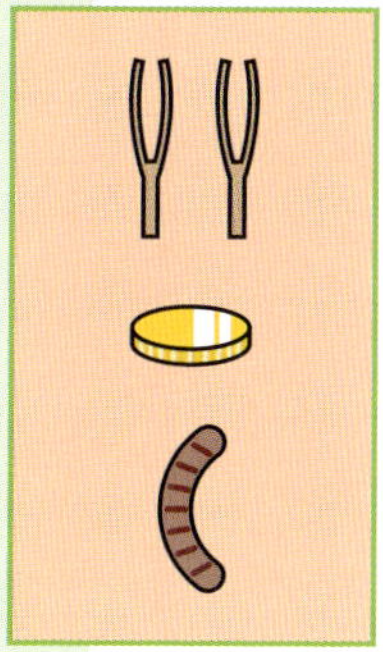

ZUTATEN: 4 vollreife Strauchtomaten • 1 Stück Büffelmozzarella (125 g) • 1 Bund Basilikum (oder fünf Zweige) • 1 Knoblauchzehe • Salz • 2 EL Olivenöl • 2 EL Aceto Balsamico • schwarzer Pfeffer aus der Mühle

1. TOMATEN WÜRFELN: Die Tomaten häuten, Stielansätze und Kerne entfernen, Fruchtfleisch in nicht zu kleine Würfel schneiden.

2. MOZZARELLA WÜRFELN: Den Mozzarellakäse abtropfen lassen und ebenfalls würfeln.

3. BASILIKUM HACKEN: Basilikum waschen, vorsichtig trocken tupfen, die Blätter von den Stielen zupfen und klein hacken.

4. KNOBLAUCH ZERDRÜCKEN: Den Knoblauch schälen, in Scheiben schneiden, salzen und zerdrücken (siehe S. 73).

5. DRESSING ANRÜHREN: Essig und Öl sowie zerdrückten Knoblauch gut miteinander verrühren.

6. SALSA MISCHEN: Die anderen vorbereiteten Zutaten dazugeben und vorsichtig vermischen. Abschließend frischen Pfeffer darüber mahlen.

Das Rezept lässt sich auch gut abwandeln: Statt des Basilikums nimmt man andere Kräuter – vorzugsweise solche, mit denen auch Fleisch, Fisch oder andere Beilagen gewürzt sind.

Körnige Senfsauce

Diese süßlich-pikante Sauce aus körnigem mittelscharfem Senf eignet sich nicht nur als Marinade von Fleisch vor dem Grillen, sondern schmeckt auch als Sauce zum fertigen Grillstück. Die Qualität des Senfs ist hier entscheidend für den Geschmack.

ZUTATEN: 3 TL körniger Senf • 2 EL Aceto Balsamico • 70 ml Olivenöl • 1 EL brauner Zucker • 2 Zweige glatte Petersilie • Pfeffer • Salz

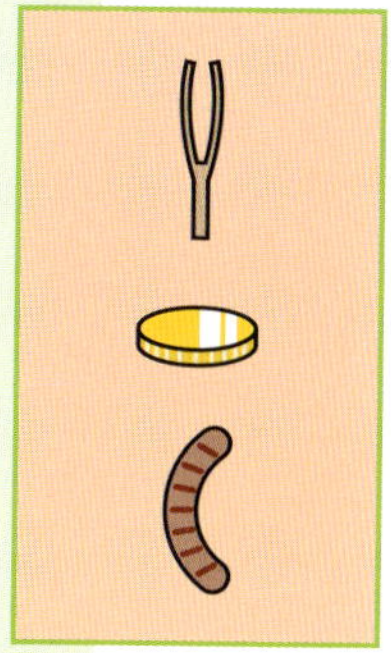

1. PETERSILIE HACKEN: Die Petersilie waschen, trocknen, die Blätter von den Stielen zupfen und fein hacken.

2. SAUCE ANRÜHREN: Essig und Öl vermischen und den Zucker darin so lange rühren, bis er sich aufgelöst hat. Dann den Senf und die Petersilie dazu geben. Mit etwas Salz und Pfeffer abschmecken.

Körniger Senf

Eine sehr beliebte Senfart ist mittelscharfer Senf, auch Delikatesssenf genannt. Er wird aus gelber und brauner Senfsaat hergestellt. Bei den körnigen Rezepturen werden die Senfkörner nicht oder nur grob gemahlen. Der französische Moutard de Meaux ist eine besonders delikate Variante: Er enthält, im Gegensatz zum klassischen Dijonsenf noch ganze Senfkörner.

SALSA VERDE

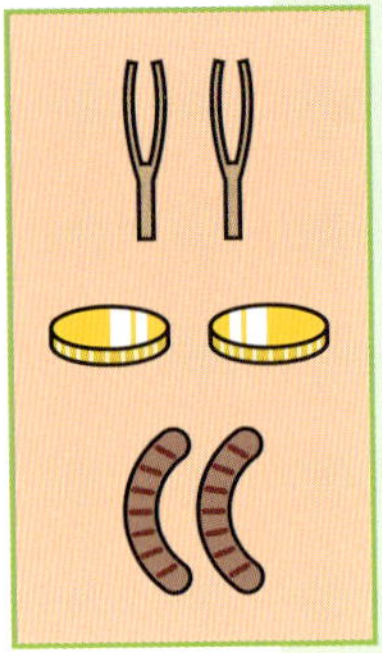

Die grüne Salsa erhält ihre ganz individuelle Geschmacksnote durch frischen Estragon und Kapern. Sie passt nicht nur gut zu dem „neutral" gegrillten Rinderfilet – wer auf den Geschmack kommt, kann sie sogar als Salatsauce verwenden!

- ZUTATEN: 6 Frühlingszwiebeln • 2 Knoblauchzehen • 1 Zweig Estragon • 2 grüne Chilis • 1 Bund Petersilie • 1 Zitrone • Olivenöl • Pfeffer • Tabasco • 50 g Kapern

- 1. ZWIEBELN und CHILIS SCHNEIDEN: Frühlingszwiebeln und Chilischoten waschen und in sehr feine Ringe schneiden.

- 2. KNOBLAUCH SCHNEIDEN: Die Knoblauchzehen schälen und sehr klein schneiden.

- 3. KRÄUTER HACKEN: Estragon und Petersilie waschen, trocken tupfen, Blätter abzupfen und fein hacken.

- 4. SAUCE ANRÜHREN: Die Zitrone pressen und den Saft mit Olivenöl, Pfeffer und einem Spritzer Tabasco verrühren.

- 5. SALSA MISCHEN: Alle zerkleinerten Zutaten und die Kapern mit der Flüssigkeit verrühren.

- 6. ZIEHEN LASSEN: Damit sich die Aromen gut entfalten, die Sauce ca. 15 Minuten durchziehen lassen.

Östliches Mittelmeer

Flair von Adria & Ägais

Weltweit beliebte Spezialitäten

Ob jugoslawische Cevapcici, türkisches Kebab oder griechischer Salat – Spezialitäten aus den Küchen des östlichen Mittelmeerraums werden international überaus geschätzt und gern verzehrt. Denn auch hier versteht man sich bestens darauf, aus frischen Zutaten ganz eigene, unverwechselbare Gerichte zu zaubern.

Die Unterschiede zum westlichen Mittelmeer sind nicht groß, sondern fein: Insgesamt würzt man im Osten etwas schärfer – zum Beispiel mit Paprikapulver – und greift zu anderen Kräutern. Basilikum spielt so beispielsweise – im Gegensatz zur italienischen Küche – nur eine untergeordnete Rolle. Minze hingegen oder auch glatte Petersilie sind viel häufiger als im Westen anzutreffen.

So erhält beispielsweise gegrilltes Fleisch in Kombination

mit einer Joghurt-Minze-Sauce (siehe S. 205) einen unverwechselbaren, regionaltypischen Geschmack.

Eine große Rolle spielen auch hier alle Gemüse-, Salat- und Fruchtarten, die am östlichen Mittelmeer häufig im eigenen Garten angebaut werden. Dazu zählen beispielsweise Auberginen, Zucchini oder Gurken.

Aber die wichtigste Rolle fällt ohne Zweifel den Oliven zu: Nicht nur, dass man hier nur mit Olivenöl kocht – die grünen und schwarzen Früchte finden sich genauso im Salat wie auf dem Grill – z.B. bei den hier vorgestellten Spießen (siehe S. 179). Sehr empfehlenswert ist darüber hinaus die Olivenbutter (siehe S. 207), die man gut statt Kräuterbutter zum Fleisch reichen kann.

Bei den Fleischarten spielt Rindfleisch keine so große Rolle wie beispielsweise in den USA oder in Mitteleuropa. Dafür legt man hier gerne feine Lammstücke auf den Grill (siehe S. 183), aber auch Schweinefleisch und Geflügel. Und beim Fisch spielen fangfrische Früchte des Mittelmeers eine Hauptrolle, allen voran die Tintenfischarten (siehe S. 186 und 188).

Ein besonderes Gewicht liegt in der griechischen Küche auf Käse, vor allem auf jenen Sorten aus Schafs- und Ziegenmilch. Nicht nur der berühmte griechische Salat verdient seinen Namen erst durch den gewürfelten „Feta", den griechischen Schafskäse: Zu den Highlights der hier vorgestellten Grillwelt zählen ohne Zweifel auch die Lammfrikadellen mit geschmolzenem Schafskäse (siehe S. 183).

Bei den Saucen greift man vor allem in Griechenland und in der Türkei gerne zu kalten Varianten. Typisch sind das berühmte Tsatsiki (siehe S. 208) oder die schon angesprochene Minze-Joghurt-Sauce – und dies auch, weil sie auf Basis von Milchprodukten gewonnen werden. Heiße Varianten wie in Italien, Frankreich oder Spanien spielen hingegen nicht nur in Griechenland eine eher untergeordnete Rolle.

Wer zu einem regionaltypischen Grillabend einlädt, kann ein wenig Flair des östlichen Mittelmeers schon mit geringem dekorativem Aufwand in seinen Garten zaubern. Denn die stimmungsvollen Bilder, die man gerade mit Griechenland verbindet, leben von einfachen Möbeln und Tischdekorationen in blau-weißen Farbkombinationen: Eine blaue Tischdecke, einfache weiße Teller und einige weiße Kiesel oder Muscheln aus dem letzten Sommerurlaub reichen so als Grundstock schon aus.

Auf den Tisch gehört dann selbstverständlich ein Fladenbrot, ein Schälchen mit frischen Oliven und ein typischer Wein, den man aus Trinkbechern genießt. Und ein Ouzo nach dem Essen macht das Urlaubsgefühl perfekt.

SCHWEINESPIESS MIT SALBEI

Frische Salbeiblätter geben diesem Filet-Spieß sein ganz spezielles Aroma. Durch die gleichzeitige Verwendung von Schinkenspeck bleibt die Salbeinote jedoch dezent. Salbei lässt sich als Kübelpflanze auch in nördlicheren Breitengraden kultivieren; heimisch ist er im Adriagebiet und wird zumeist aus Griechenland, Albanien oder dem ehemaligen Jugoslawien exportiert.

- ZUTATEN: 2 Schweinefilets • 12 Scheiben Schinkenspeck • 1 kleiner Bund frischer Salbei • 20 schwarze Oliven ohne Stein • Pfeffer

- 1. FLEISCH VOBEREITEN: Das Fleisch kalt abspülen, trocken tupfen und in 12 Scheiben schneiden. Breite Schinkenspeckscheiben jeweils einmal längs halbieren.

- 2. SALBEI VORBEREITEN: Die frischen Salbeiblätter gut waschen und danach trocken tupfen. Insgesamt werden 24 Salbeiblätter benötigt.

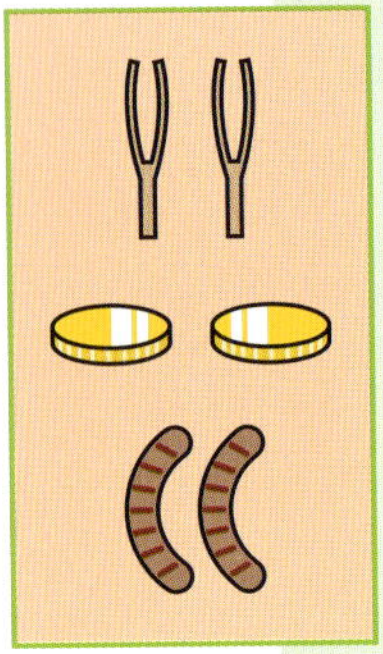

3. FLEISCH UMWICKELN: Jeweils zwei Salbeiblätter an den Rand einer Filetscheibe legen und mit einer Speckscheibe umwickeln.

4. SPIESSE BESTÜCKEN: Abwechselnd Oliven und Filetscheiben auf vier Spieße stecken.

5. GRILLEN: Die Spieße 3 bis 4 Minuten von jeder Seite grillen, bis sie goldbraun sind.

6. WÜRZEN: Bei Tisch frischen Pfeffer über die Spieße mahlen. Da der Speck oft ausreichend salzig ist, muss der Spieß meist nicht zusätzlich gesalzen werden.

Cevapcici

Die pikant gegrillten Hackfleischröllchen kommen ursprünglich vom Balkan und werden in moslemischen Gegenden traditionell aus Rind- und/ oder Hammelfleisch zubereitet. Im Laufe der Zeit haben sich jedoch verschiedenste Varianten entwickelt, und so wird heute häufig auch Lamm- statt Hammelfleisch oder auch Schweinehack im Teig verarbeitet.

Wir bieten eine „gemäßigte" Variante mit Schweine- und Rinderhack an – Lammfleischfreunde seien schon hier auf die Lammfrikadellen von S. 183 verwiesen.

ZUTATEN: 300 g Rinderhack • 300 g Schweinehack • 2 mittelgroße Zwiebeln • 2 Knoblauchzehen • 1 EL Tomatenmark • Salz • Pfeffer • 1 TL edelsüßes Paprikapulver • 1 TL getrockneter Thymian

1. ZWIEBEL WÜRFELN: Die Zwiebeln schälen und fein würfeln.

2. KNOBLAUCH ZERDRÜCKEN: Den Knoblauch schälen, salzen und zerdrücken (siehe S. 73) oder sehr fein hacken.

3. FLEISCHTEIG KNETEN: Das Hackfleisch in eine große Schüssel geben und mit Zwiebelwürfeln, Knob-

Pljeskavica

Wenn man dem Teig für Cevapcici noch gehackte Peperoni beimischt, dann entsteht die scharfe Variante, die den Namen Pljeskavica trägt.

lauch, Paprikapulver, Thymian und Pfeffer würzen. Vorsichtig salzen, wenn der Knoblauch bereits mit Salz zerdrückt wurde. Je länger der Teig – am besten mit angefeuchteten Händen – geknetet wird, desto lockerer wird das Ergebnis.

4. RÖLLCHEN DREHEN: Aus dem Fleischteig 12 Röllchen formen.

5. GRILLEN: Die Cevapcici ca. 8 bis 10 Minuten grillen und dabei zwischendurch mit Öl bepinseln.

Zu den Cevapcici werden gerne viele rohe Zwiebeln gereicht, eine Alternative dazu ist Tsatsiki (siehe S. 208). Auch ein scharfer Tomatendipp oder ein griechischer Salat (siehe S. 195) passen sehr gut zu den Hackfleischröllchen.

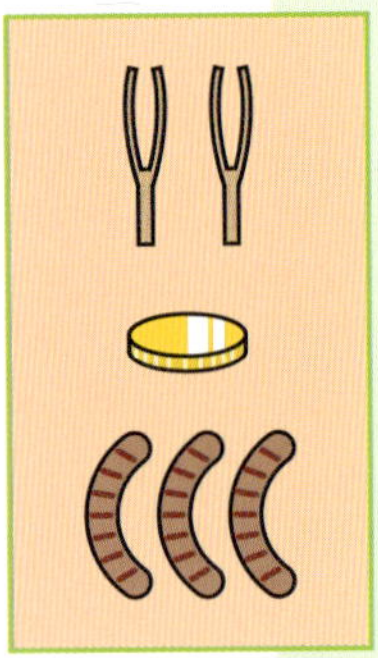

Lammfrikadellen mit Schafskäse

Die Lammfrikadellen bestechen durch einen Hauch von Minze und die Schafskäsefüllung. Lammhackfleisch muss man sich beim Metzger in der Regel frisch durchdrehen lassen; man kann es natürlich auch selbst aus einem Stück magerer Schulter oder Keule fein hacken bzw. durch den Fleischwolf drehen.

ZUTATEN: 600 g mageres, gehacktes Lammfleisch • 1 Zwiebel • 2 Stängel frische Blattpetersilie • 1 Zweig frische Minze (2 EL gehackte Minze) • Salz • Pfeffer • 100 g Schafskäse (alternativ Ziegenkäse)

1. ZWIEBEL SCHNEIDEN: Die Zwiebel häuten und in feine Würfel schneiden.

2. KRÄUTER WIEGEN: Minze und Petersilie gründlich waschen, die Blätter von den Stielen zupfen und fein wiegen.

3. FLEISCHTEIG KNETEN: Das Lammhack in einer Schüssel mit den Zwiebelwürfeln und den Kräutern gut verkneten, mit Salz und Pfeffer würzen und nochmals gründlich durchwalken.

4. FLEISCH FORMEN: Den Teig in 4 Teile teilen und jeweils eine Kugel formen. In die Mitte jeder Kugel eine größere Vertiefung drücken und einen Würfel Schafskäse (ca. 2 bis 3 cm Kantenlänge) hineingeben. Die Hackfleischkugel sorgfältig wieder verschließen.

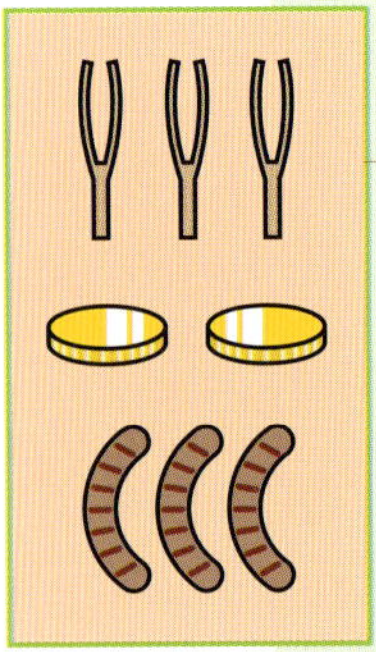

5. GRILLEN: Die Lammfrikadellen auf dem Holzkohlegrill ca. 15 Minuten goldbraun grillen.

Zu diesen Lammfrikadellen passt die Joghurt-Minzesauce (siehe S. 205). Wem das Minzearoma in Fleisch und Sauce gleichzeitig zu intensiv schmecken sollte, der kann die Minze im Fleischteig durch Petersilie ersetzen.

Kalamarákia - kleine Tintenfische

„Kalamarákia", so heißen in Griechenland die kleinen Tintenfische - im Gegensatz zu ihren großen Verwandten, den „Ochtapódia". Man kennt sie zumeist paniert und frittiert, doch auch gegrillt - und nur mit etwas Zitrone beträufelt - schmecken sie köstlich. Die Babytintenfische bieten gut sortierte Fischhändler frisch an. Man findet sie aber auch in den Tiefkühlfächern vieler Supermärkte.

- ZUTATEN: 500 g Babytintenfische (ggf. tiefgekühlt) • 1 Zitrone • grobes Meersalz (vorsichtig dosieren)

- 1. TINTENFISCHE VORBEREITEN: Die Tintenfische waschen und abtropfen lassen bzw. trocken tupfen und in eine Schüssel geben.

- 2. SÄUERN UND SALZEN: Die Zitrone auspressen und den Saft über die Tintenfische träufeln. Etwas Meersalz darüber mahlen.

- 3. GRILLEN: Die Kalamarákia auf dem nicht zu heißen Grill ca. 5 Minuten braten und dabei öfter wenden. Die Tintenfische dürfen nicht zu viel Hitze bekommen, da sie sonst zäh werden.

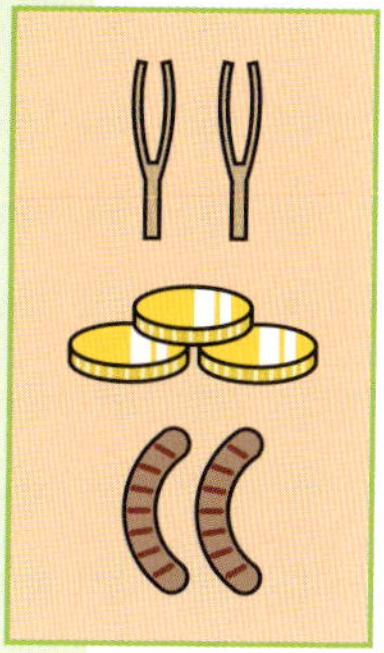

Gefüllter Tintenfisch

Tintenfische werden in vielen Mittelmeerregionen auf unterschiedliche Arten zubereitet: Ob gefüllt und gebraten, paniert und frittiert oder gekocht, in Ringe geschnitten oder als Vorspeise kalt angerichtet.

Zum Füllen eignet sich besonders die so genannte Tube, also der Leib größerer Tintenfischarten. Hieraus werden übrigens auch die Ringe geschnitten, die man allerorts auch als Calamari kennt. Die Tuben erhält man im Fischhandel bereits abgetrennt von den übrigen Körperteilen. Sie können noch den Schulp oder Chitinstab enthalten, der vor dem Zubereiten entfernt werden muss.

- ZUTATEN: 4 kleine (oder 2 große) Tintenfischtuben • 3 Strauchtomaten • 2 Knoblauchzehen • 1 Scheibe trockenes Weißbrot (oder 1/2 trockenes Brötchen) • 1 Bund Basilikum • 3 El Olivenöl • 1 EL Balsamessig • Salz • Pfeffer • Saft 1/2 Zitrone

- 1. TINTENFISCH VORBEREITEN: Die Tintenfischtuben unter fließend kaltem Wasser säubern und gegebenenfalls den Chitinstab entfernen.

- 2. TOMATEN WÜRFELN: Die Tomaten abwaschen, halbieren, Stielansätze und Samenkörner entfernen. Dann in kleine Würfel schneiden.

- 3. KNOBLAUCH HACKEN: Den Knoblauch schälen und sehr fein hacken.

- 4. WEISSBROT ZERKLEINERN: Das Weißbrot erst in Stücke brechen und dann zerbröseln. Dazu kann man die Brotstücke auf ein großes Brett unter ein Tuch oder ein Stück Frischhaltefolie legen und dann mit dem Nudelholz zerdrücken.

- 5. BASILIKUM WIEGEN: Basilikum waschen, trocken tupfen, Blätter von den Stielen zupfen und wiegen.

- 6. FÜLLUNG MISCHEN: Tomatenstücke, Knoblauch und Basilikum in eine Schüssel geben und mit Essig und Öl sowie einem Spritzer Zitronensaft vermengen. So viel Semmelbrösel hinzugeben, dass eine feste, aber nicht zu trockene Masse entsteht. Mit Salz und Pfeffer würzen und noch einmal vermengen.

- 7. TINTENFISCH FÜLLEN: Die Masse so in die Tintenfischtuben fül-

len, dass beim Verschließen nichts heraus quillt. Die Ränder zusammenfassen und mit Holzspießchen feststecken.

8. GRILLEN: Je nach Größe brauchen die Tintenfische mindestens 10 bis 15 Minuten Garzeit. Sinnvoll ist indirektes Grillen bei geringerer Hitze. Erst zum Schluss sollten die Tuben dann zum Bräunen direkt über die Glut gelegt werden.

Rote Meerbarbe mit Ziegenkäsefüllung

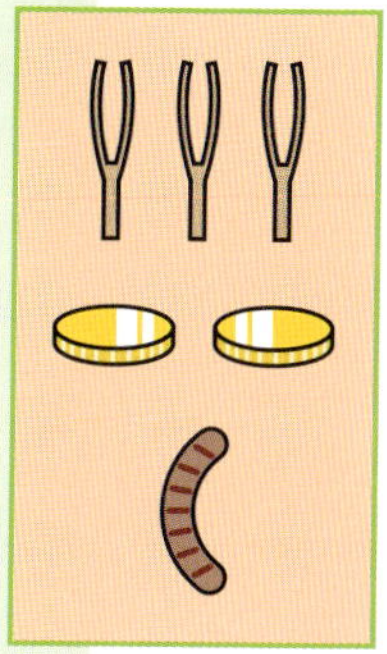

Die Rote Meerbarbe aus der Familie der Meerbarben verdankt ihren Namen den zwei langen, gabelförmigen Bartfäden am Kinn, womit sie ihre Nahrung aufspürt, ertastet und schmeckt.

Ihre Schuppen schimmern blassrosa bis silbrig-grau, das Fleisch ist nach der Zubereitung hellrosa bis weiß. Die Rote Meerbarbe eignet sich sehr gut zum Grillen, da sie zartes aber festes Fleisch hat und fast grätenfrei ist.

ZUTATEN: 4 Meerbarben (à ca. 200 g) • 1/4 Zitrone • Salz • Thymian • Basilikum • 150 g Ziegenkäse • 2 EL Olivenöl

1. FISCH SÄUBERN: Die Barben unter kaltem Wasser abwaschen und entschuppen.

2. SÄUERN UND SALZEN: Die Zitrone auspressen und die Fische mit dem Saft außen und innen säuern. Die Barben salzen.

3. KRÄUTER HACKEN: Thymian und Basilikum waschen, die Blätter abzupfen und das Basilikum hacken.

4. FÜLLUNG ZUBEREITEN: Den Käse in eine Schüssel krümeln, mit Öl und den Kräutern vermischen.

5. FISCH FÜLLEN: Die Käsemischung in die Fische füllen und die Öffnung mit kleinen Holzspießen gut verschließen.

6. GRILLEN: Die Fische mit etwas Olivenöl bepinseln und ca. 10 Minuten grillen.

Zu der Meerbarbe passen Weißbrot und Salat oder auch geröstete Thymiankartoffeln.

GRIECHISCHE KARTOFFELN

Kartoffeln sind in Griechenland eine traditionelle Beilage – z.B. zu Lammfleisch. Mit Zitrone bekommen sie ein frisch fruchtiges Aroma und können so genauso zu den Lammkoteletts (siehe S. 183) wie auch zum Tintenfisch (siehe S. 186) gereicht werden.

ZUTATEN: 500 g Kartoffeln • 2 Knoblauchzehen • 1 TL Oregano • frisch gepresster Zitronensaft (ca. 1/2 Zitrone) • gemahlenes Meersalz • schwarzer Pfeffer • 3 EL Olivenöl

1. KARTOFFELN VORBEREITEN: Die frischen Kartoffeln schälen, waschen und in Spalten schneiden.

2. KNOBLAUCH HACKEN: Den Knoblauch schälen und fein würfeln.

3. KARTOFFELN ANBRATEN: In einer Pfanne das Olivenöl erhitzen. Die Kartoffeln darin anbraten. Nach 5 Minuten Knoblauch und Oregano hinzugeben.

4. ABSCHMECKEN: Kurz bevor die Kartoffeln gar sind, etwas Zitronensaft darüber träufeln und die Kartoffeln darin wenden. Pfeffer und Meersalz aus der Mühle darüber mahlen. Nach Geschmack mit weiterem Zitronensaft abschmecken.

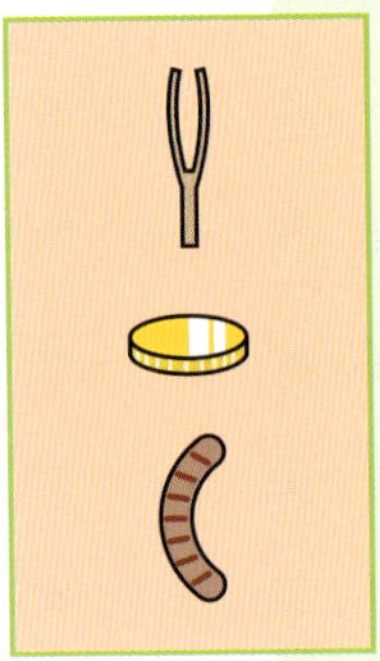

In der Pfanne braten

Am einfachsten ist es, die Kartoffeln auf dem Herd zu braten und auf dem Grill warm zu halten. Man kann sie jedoch auch im geschlossenen Grill indirekt Grillen. Schließlich lässt sich auch eine alte Pfanne direkt auf den Rost oder gar in die Glut stellen.

Griechischer Salat

Er zählt zu den großen Klassikern der ost-mediterranen Küche und findet sich heute auf Speisekarten rund um den Globus: Der Griechische Salat. Seinen unverwechselbaren Geschmack erhält er durch die kleinen Feta-Käsewürfel und die Oliven. Beide sind geschmacksprägend und deshalb sollte man beim Einkauf hier auf Qualität achten.

ZUTATEN: 1 kleiner Kopfsalat • 500 g Strauchtomaten • 1 große gelbe Paprikaschote • 2 rote Zwiebeln • 100 g schwarze Oliven (entkernt) • 200 g Feta; für das Dressing: 4 EL Olivenöl • 1 EL Weißweinessig • Salz • Pfeffer

1. SALAT WASCHEN: Den Kopfsalat waschen, trocken schleudern, große Blätter in kleinere Stücke reißen.

2. TOMATEN SCHNEIDEN: Die Tomaten waschen, halbieren, den Stielansatz entfernen und die Früchte dann in mundgerechte Stücke schneiden.

3. PAPRIKA SCHNEIDEN: Die Paprikaschote waschen, längs halbieren, Kerne und Stielansatz entfernen und dann ebenfalls in mundgerechte Stücke schneiden.

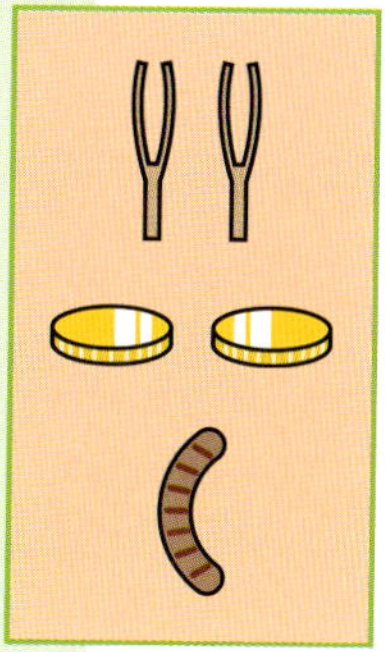

4. ZWIEBEL SCHNEIDEN: Die Zwiebeln schälen, und in Ringe schneiden.

5. OLIVEN VORBEREITEN: Die Oliven ebenfalls in Ringe schneiden.

6. KÄSE WÜRFELN: Den Feta-Schafskäse in Würfel von 1 bis 2 cm Kantenlänge schneiden.

7. DRESSING ANRÜHREN: Essig und Öl vermischen und mit Salz und Pfeffer würzen.

8. SALAT ANRICHTEN: Eine flache Schüssel mit dem grünen Salat auslegen. Tomaten, Paprika, Zwiebel, $^2/_3$ der Oliven sowie $^2/_3$ des Feta-Käses vermischen und auf das Salatbett geben. Das Dressing darüber träufeln und als Dekoration die restlichen Olivenringe und Fetawürfel aufstreuen.

Frisch und bunt

Der Griechische Salat – häufig auch Bauernsalat genannt – wird in seinem Mutterland Griechenland vor allem als Vorspeise gegessen. Man kann ihn aber auch als Beilage zu Fisch oder Fleisch reichen. Zu bedenken ist aber, dass er durch den Feta sehr sättigend ist. Je nach Region variieren die Zutaten. So gibt es Rezepte mit Gurkenstücken oder sogar mit gekochten Eiern. Das Dressing wird mancherorts mit Kräutern wie Oregano oder Majoran verfeinert.

Gefüllte Weinblätter

Gefüllte Weinblätter zählen ebenfalls zu den griechischen Spezialitäten, die sich weltweit durchgesetzt haben. Man kann sie auch grillen – z.B. im Kugelgrill. Die Weinblätter dienen hier nur als „Verpackung“ und werden vor dem Servieren entfernt.

ZUTATEN: 16 Weinblätter in Lake • 1 Baguette (für die Füllung) • 4 EL Pinienkerne • 8 Scheiben Ziegenkäse (Chèvre, ca. 240 g) • 50 ml Pesto

1. WEINBLÄTTER WÄSSERN: Die Weinblätter unter kaltem Wasser gut abspülen und in einer Schüssel mit kaltem Wasser 15 Minuten wässern. Danach noch zweimal unter kaltem, fließendem Wasser abspülen und mit Küchenpapier trocken tupfen.

- 2. PINIENKERNE RÖSTEN: Die Pinienkerne in einer beschichteten Pfanne ohne Fett leicht goldbraun rösten. In ein Schüsselchen umfüllen.

- 3. WEINBLÄTTER BELEGEN: Auf acht Weinblätter je eine Scheibe Käse legen. Je einen Teelöffel Pesto auf dem Käse verteilen, einige Pinienkerne darüber streuen.

- 4. WEINBLÄTTER FALTEN: Die Ecken des Weinblattes über der Füllung falten und ein weiteres Blatt darauf legen. Das Päckchen umdrehen und die Enden auf die gleiche Weise in die Mitte falten. Mit einem Zahnstocher fixieren.

- 5. PÄCKCHEN GRILLEN: Die Päckchen mit Olivenöl bepinseln und bei direkter, großer Hitze 4 Minuten grillen; nach der Hälfte der Zeit wenden. Der Käse muss zu schmelzen beginnen und die Blätter dunkelbraun werden.

- 6. BAGUETTE ERWÄRMEN: Inzwischen das Baguette in Alufolie einwickeln oder mit Öl bepinseln und direkt auf dem Grillrost bei hoher Hitze drei Minuten erwärmen. Einmal pro Minute wenden.

- 7. CHÈVRE SERVIEREN: Zum Servieren die Päckchen öffnen und die Weinblätter entfernen. Den geschmolzenen Käse auf das knusprige Baguette streichen und nach Geschmack würzen.

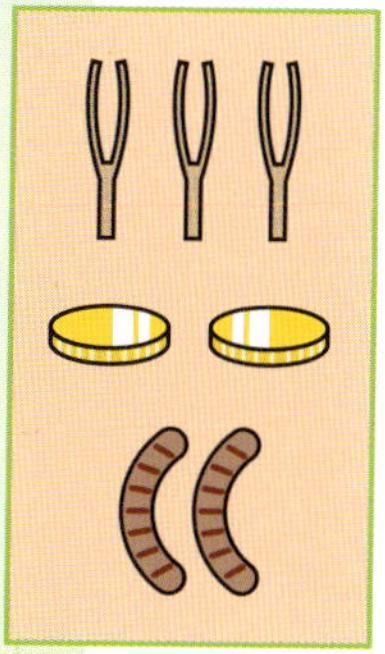

Gefüllte Auberginen

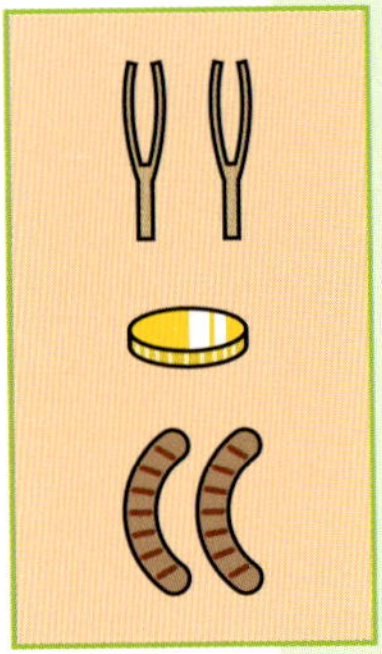

Dieses Rezept ist so einfach wie lecker. Zudem bereichern die Auberginen ein Büffett auch optisch. Mit anderen Schinken- oder Käsesorten lässt sich das Rezept zudem leicht variieren und auch auf andere Gemüsearten anwenden.

- ZUTATEN: 2 mittelgroße Auberginen • 4 Scheiben Ziegenschnittkäse • 4 Scheiben roher Schinken • Öl zum Pinseln • grüne Oliven (z.B. gefüllt mit Paprika)

- 1. AUBERGINEN VORBEREITEN: Die Auberginen waschen, abtrocknen und aus dem mittleren Teil der Frucht acht 2 bis 3 cm dicke Scheiben herausschneiden. Die Scheiben dann waagerecht in der Mitte möglichst weit einschneiden, nicht jedoch durchschneiden.

- 2. KÄSE UND SCHINKEN EINLEGEN: Die Käse- und Schinkenscheiben passend zuschneiden und je ein Stück in die Auberginentaschen legen.

- 3. ÖLEN: Die Auberginen von außen leicht mit Öl bepinseln.

- 4. GRILLEN: Die gefüllten Auberginen so lange grillen, bis der Käse zerläuft.

- 5. ANRICHTEN: Einige Oliven in Ringe schneiden und mit den gegrillten Auberginen servieren.

Rosmarin-Fladen

Frisches selbstgebackenes Brot bereichert jede Grilltafel. Dieser aromatisch duftende Rosmarin-Fladen aus der Küche Griechenlands ist schnell gemacht und schmeckt am besten ganz frisch aus dem Ofen:

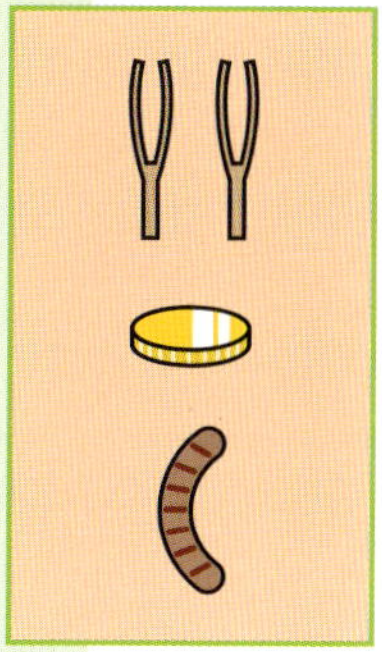

- ZUTATEN: 500 g Mehl • 2 Päckchen Trockenhefe • 1 TL Salz • 350 ml warmes Wasser • 3 EL Olivenöl • 1 Zweig frischer Rosmarin (ca. 1 EL Nadeln) • Meersalz • Öl zum Einfetten des Blechs

- 1. HEFETEIG ANSETZEN: In einer großen Schüssel das Mehl mit der Trockenhefe und dem Salz gründlich vermischen. Das lauwarme Wasser darüber gießen und alles mit einem Kochlöffel oder den Knethaken des Handrührgeräts verrühren.

- 2. TEIG GEHEN LASSEN: Die Teigschüssel mit einem Tuch abdecken und an einem warmen, vor Zugluft geschützten Ort 20 Minuten gehen lassen.

Vielfältige Variationen

Das Grundrezept kann vielfältig abgewandelt werden: So kann man beispielsweise klein geschnittene Oliven oder getrocknete Tomaten mit in den Teig kneten oder auch den Fladen mit Pinienkernen bestreuen. Selbstverständlich kann man den Teig auch mit anderen Kräutern als Rosmarin würzen.

- 3. TEIG KNETEN: Nun den Teig mit den Händen gründlich durchkneten und dabei bei Bedarf noch mehr Mehl dazugeben, sodass der Teig nicht mehr klebt.

- 4. FLADEN FORMEN: Den Teig zu einem ca. 1,5 cm dicken Fladen auswalzen und auf ein mit Öl gefettetes Backblech legen.

- 5. GEHEN LASSEN: Den Fladen noch einmal ca. 30 Minuten gehen lassen.

- 6. ROSMARIN HACKEN: Den Rosmarin waschen, trocknen, die Nadeln abzupfen und fein hacken.

- 7. FLADEN BELEGEN: Den Fladen mit dem Olivenöl bestreichen, mit dem Rosmarin bestreuen und etwas Meersalz darüber mahlen.

- 8. BACKEN: Das Fladenbrot 15 bis 20 Minuten bei großer Hitze (optimal sind 280 °C) backen.

Joghurt-Minze-Sauce

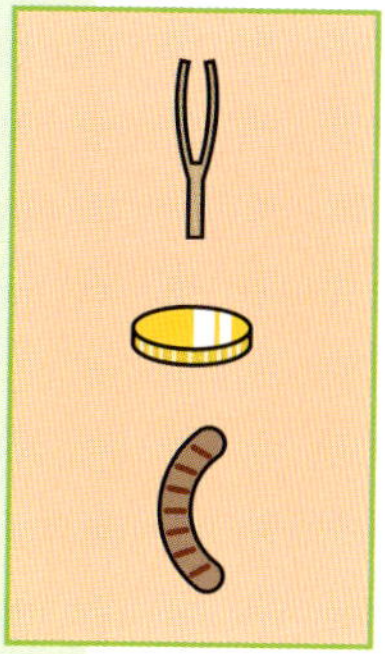

Joghurt und Minze verbinden sich zu einem erfrischenden Geschmackserlebnis. Die Sauce passt nicht nur zu den Lammfrikadellen (siehe S. 183), sondern auch sehr gut zu gegrilltem Gemüse und Kartoffeln.

- ZUTATEN: 300 g Vollmilchjoghurt • 2 EL Sahne oder Crème fraîche • 1 EL Olivenöl • 1 TL Zitronensaft • 1 Bund Minze • Salz • Cayennepfeffer

- 1. JOGHURT ABTROPFEN: Den Joghurt abtropfen.

- 2. MINZE SCHNEIDEN: Die Minze waschen und trocknen. Blätter von den Stielen zupfen und fein hacken.

3. SAUCE ANRÜHREN: Den Joghurt mit Sahne oder Crème fraîche verrühren. Olivenöl, Zitronensaft und Minze untermischen und die Sauce mit Salz und etwas Cayennepfeffer abschmecken. Je nach Geschmack kann etwas mehr oder weniger Zitronensaft verwendet werden.

Joghurt-Minze-Shake

Lässt man Salz, Pfeffer und Öl weg und gibt stattdessen 1 TL Zucker oder Honig zu der Joghurt-Minze-Mischung, so erhält man einen erfrischenden Joghurt-Shake. Verflüssigen lässt er sich mit etwas Mineralwasser.

Olivenbutter

Olivenbutter lässt sich auf vielfältige Weise in die Grillküche einbringen. So ist sie nicht nur ein sehr pikanter Brotaufstrich, der zum Beispiel besonders gut zu warmem Fladenbrot passt (siehe S. 202). Man kann die Olivenbutter – genau wie Kräuterbutter – auch auf heißem Grillgut schmelzen lassen. Je nachdem, ob man schwarze, grüne oder auch mit Paprika gefüllte Oliven verwendet, variiert der Geschmack zum Teil erheblich.

- ZUTATEN: 125 g Butter • 80 g entsteinte Oliven (Sorte nach Geschmack) • Salz • Pfeffer

- 1. BUTTER TEMPERIEREN: Die Butter eine Stunde vor Zubereitung aus dem Kühlschrank nehmen, sodass sie Zimmertemperatur annehmen kann.

- 2. OLIVEN HACKEN: Die Oliven gegebenenfalls abtropfen und trocken tupfen. Dann in sehr feine Stückchen hacken.

- 3. BUTTER MISCHEN: Die Oliven mit der Butter zu einer homogenen Masse verrühren und mit Salz und Pfeffer abschmecken. Bis zum Servieren kühl stellen.

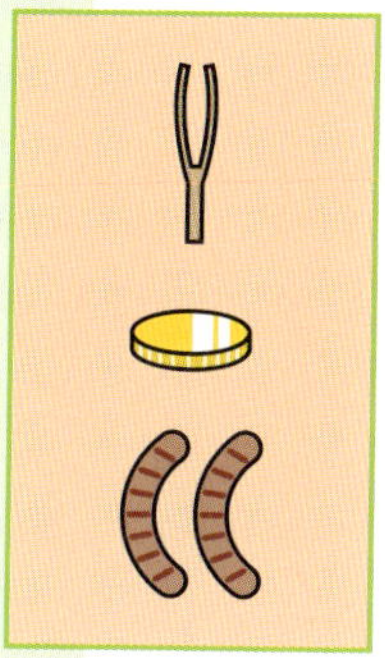

Tsatsiki

Tsatsiki kann neben Gyros als das Synonym für die griechische Küche gelten und darf für Knoblauch-Freunde direkt als große Schüssel auf dem Tisch stehen. Wenn der Topf dann schon halb leer ist, bevor das Fleisch vom Grill auf den Tisch kommt, ist das nur ganz natürlich – denn in Griechenland ist Tsatsiki eine typische kalte Vorspeise, die mit Brot serviert wird. Aber natürlich passt es auch als Beilage zu kräftigen Fleischgerichten wie Cevapcici (s.S. 101) oder auch Lammfrikadellen (s.S. 183).

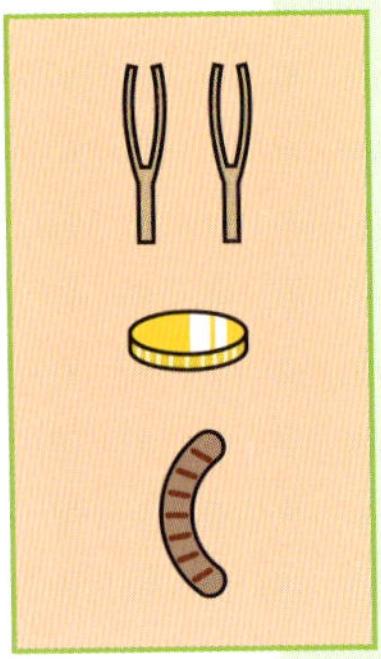

ZUTATEN: 500 g griechischer Joghurt (alternativ: 250 g Sahnequark) • 100 g Crème fraîche • 150 g Vollmilchjoghurt • 1 Salatgurke • 4–6 Knoblauchzehen • 1 EL Olivenöl • 1 TL Weißweinessig • Salz • weißer Pfeffer

1. KNOBLAUCH MIT SALZ ZERDRÜCKEN: Den Knoblauch schälen und mit Salz zerdrücken (siehe S. 73).

2. GURKE RASPELN: Die Gurke schälen, längs halbieren, die Kerne mit einem Teelöffel herauskratzen. Dann die Gurke raspeln, salzen, etwas ziehen lassen und in einem Sieb ausdrücken.

3. ANRÜHREN: Die zerdrückten Knoblauchzehen mit dem Öl unter die Quark-Joghurt-Mischung rühren und etwas Pfeffer darüber mahlen.

4. GUT DURCHZIEHEN LASSEN: Tsatsiki mit Folie abgedeckt für mehrere Stunden in den Kühlschrank stellen, damit sich das Aroma vollständig entfalten kann.

5. ABSCHMECKEN: Unmittelbar vor dem Servieren die Sauce mit etwas Essig und bei Bedarf noch mal mit Salz und Pfeffer abschmecken.

HEINZ
57
HEINZ
BARBECUE
Sauce
ASA

American BBQ

Grillen im XXL-Format

Think Big beim Grillen

Think big – Denke groß! Das Lebensmotto im Land der unbegrenzten Möglichkeiten gilt vor allem auch beim Barbecue. Hier wird nicht am Grillgut gespart, vor allem nicht beim Fleisch. Denn wer jenseits des großen Teichs zu einer der beliebtesten Freizeitbeschäftigungen der Amerikaner einlädt, hält stets große Mengen an großen Fleischstücken bereit.

Besonders beliebt sind alle Arten von Rindfleisch, allen voran natürlich die verschiedenen Steaksorten. Nicht selten aber dreht sich auch ein ganzer Truthahn auf dem Spieß oder grillt ein großer Fisch auf dem Rost.

Bei dieser großen Liebe zu gegrilltem Fleisch wundert es nicht, dass die amerikanische Küche untrennbar mit diesem Bild verbunden ist. Denn ob Steaks oder Burger – rund um den Globus haben die Amerikaner mit dieser Vorliebe kulinarischen Erfolg.

Im Laufe der Jahrhunderte sind dabei ganz fantastische Rezepte entstanden, wie z.B. die Spareribs mit Honigmarinade (siehe S. 217) oder das Rinderhüftsteak mit Bierpfeffer (siehe S. 219).

Liebend gern aber genießt man auch pur gegrilltes Fleisch mit einer schmackhaften Sauce. Dass man hier allerdings selbst zum Kochlöffel greift, um diese anzurühren, ist eher die Ausnahme. Denn ein typisch amerikanischer Grillabend ist ohne Fertigsaucen und -produkte kaum denkbar. Ob Ketchup oder Steak-Sauce, ob eine scharfe Chili- oder eine süße Fruchtvariante – das Angebot ist schier unerschöpflich.

Bei Saucen zeigt sich, dass die amerikanische Küche ein Schmelztiegel der Kochkulturen ist. Vor allem südamerikanische Einflüsse sind deutlich – wie z.B. bei der Hot-Chili-Salsa, die man auch selbst zubereiten kann (siehe S. 242).

Einen USA-Grillabend allein aber auf Fleisch und Saucen zu reduzieren, greift viel zu kurz. Natürlich gibt es auch hier hervorragende Beilagenrezepte wie z.B. gegrillte Maiskolben. Je nach Vorliebe bereitet man sie verschieden zu (siehe S. 235) – aber ganz gleich, für welche Variante man sich entscheidet: gut schmecken tut jede von ihnen. Hinzu kommen viele weitere gesunde Gerichte – vom scharfen Krautsalat (siehe S. 238) über braune Bohnen (siehe S. 240) bis hin zu den unterschiedlichsten Kartoffelvarianten. Also auch Vegetarier müssen hier nicht verhungern.

Bei keinem amerikanischen Grillevent dürfen letztlich natürlich die berühmten Burger fehlen. Und so sehr man in Gourmetkreisen auch über die Fastfood-Lieblinge die Nase rümpfen mag: Wenn man sie selbst zubereitet und grillt, mit frischem Gemüse belegt und mit Saucen nach eigenem Gusto bestreicht, schmecken sie einfach super (siehe S. 224).

Das gleiche gilt natürlich für gefüllte Tortillas: Die ursprünglich einmal mexikanische Spezialität lässt sich nach eigenem Geschmack variieren und verfeinern. Aber auch das klassische Grundrezept mit Rindfleisch (siehe S. 232) schmeckt sehr gut und hat nicht umsonst den runden Weizenfladen Weltruf eingebracht.

In Bezug auf die Getränke ist Bier an einem amerikanischen Grillabend erste Wahl, allen voran natürlich das jenseits des großen Teichs so beliebte Lager. Eine lohnenswerte Alternative sind die südamerikanischen Biersorten, die mit ihrem milden, unverwechselbaren Geschmack mittlerweile rund um den Globus viele Freunde gefunden haben. Und wenn es nichtalkoholisch sein soll, greift man natürlich am besten zu einer Cola.

Richtig rund wird ein atmosphärisches Barbecue-Event aber nicht allein durch die richtigen Speisen und Getränke: Nicht fehlen sollte eine typisch amerikanische Deko: Eine Stars-and-Stripe-Flagge als Tischtuch, ein paar entsprechende Fähnchen und bunte Girlanden sowie ein Cowboy-Hut – schon fühlt man sich wie im wilden Westen!

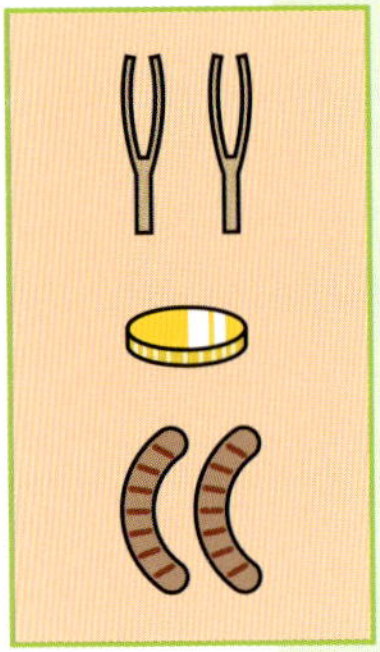

Spareribs mit Honigmarinade

Für Fans von Fingerfood gehören zu einem echten Barbecue natürlich auch Spareribs, die zwar nicht allzu viel Fleisch zu bieten haben, dafür aber z.B. mit Honig mariniert wirklich zum Anknabbern sind.

- ZUTATEN: 4 mittelgroße Spareribs (Schälrippen am Stück) • 3 EL Honig • 300 ml Ketchup • 4 Knoblauchzehen • 2 TL Worchestersauce • 2 EL Rotweinessig • Salz • Pfeffer • Chilipulver

- 1. FLEISCH VORBEREITEN: Die Spareribs unter kaltem Wasser abspülen und trocken tupfen.

- 2. KNOBLAUCH PRESSEN: Den Knoblauch zerdrücken (siehe S. 73) oder pressen.

- 3. MARINADE ANRÜHREN: Zunächst Honig und Ketchup zu einer homogenen Creme verrühren, dann

Two in One

Die Marinade kann man in größeren Mengen zubereiten und überschüssige Flüssigkeit im Kühlschrank mehrere Tage aufbewahren. Die Würzflüssigkeit eignet sich übrigens nicht nur zum Marinieren, sondern auch als Sauce zu Grillfleisch.

Worchestersauce, Rotweinessig, Knoblauch hineinrühren und die Marinade mit Salz, Pfeffer und etwas Chilipulver abschmecken.

4. FLEISCH MARINIEREN: Das Fleisch in einer Schale mit der Marinade bestreichen und mindestens 1 bis 2 Stunden abgedeckt einwirken lassen.

5. GRILLEN: Die Spareribs ca. 15 Minuten lang grillen, dabei mehrfach wenden. Um das Fleisch saftig zu halten, kann man das Grillgut zwischendurch immer wieder mit der restlichen Marinade bestreichen.

RINDERHÜFTSTEAK MIT BIERPFEFFER

Die Hüfte ist ein Teilstück der Rinderkeule. Aus der Hüfte wird das gleichnamige Steak als etwa 2 bis 3 cm dicke und rund 180–200 g schwere Scheibe herausgeschnitten. Dieses Fleisch ist sehr saftig, da es mit feinen Fettäderchen durchzogen ist. Mit der folgenden Marinade auf Starkbierbasis erhält es einen kräftigen Geschmack.

ZUTATEN: 4 Steaks à 200 g; für die Marinade: 2 Knoblauchzehen • 100 ml Starkbier • 2 EL brauner Zucker • 2 EL Worchestersauce • 2 EL schwarzer gestoßener Pfeffer • 1 EL Öl

1. STEAKS VORBEREITEN: Das Fleisch unter kaltem Wasser kurz abspülen und trocken tupfen.

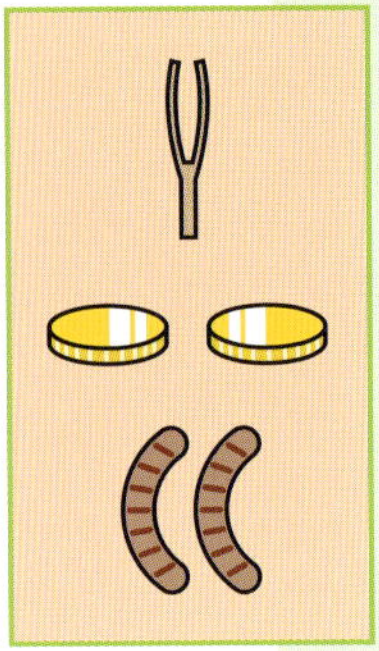

- 2. KNOBLAUCH PRESSEN: Die Knoblauchzehen schälen und pressen.
- 3. MARINADE ANRÜHREN: Bier, Zucker, Worchestersauce und Öl so lange verrühren, bis sich der Zucker aufgelöst hat. Dann Pfeffer und Knoblauch zugeben und alles verrühren.
- 4. MARINIEREN: Die Marinade in einen tiefen Teller geben, Fleisch darin wenden und mindestens 1 Stunde durchziehen lassen.
- 5. GRILLEN: Die Marinade vom Fleisch abtropfen lassen und die Steaks kurz grillen.

Dazu passt als Getränk natürlich besonders die für die Marinade verwendete Starkbiersorte, außerdem geröstetes Brot, knackiger Salat und Kartoffeln.

PORTERHOUSE-STEAK

Groß und schwer – das Porterhouse ist ein Steak für ganz Hungrige. Es wird aus dem flachen Roastbeef mit Filet und Knochen geschnitten und bringt ein bis zwei Pfund auf die Waage.

„Echte Kerle" schaffen eins alleine, die Mengen sollten jedoch schon beim Einkauf individuell bemessen werden – ein großes Steak kann man – fertig gegrillt – durchaus in mehrere Portionen teilen. Der Kenner würzt gerne erst nach dem Grillen, um den Eigengeschmack weitestgehend zu erhalten.

ZUTATEN: 4 Porterhousesteaks • Salz • Peffer

1. FLEISCH VORBEREITEN: Das Fleisch unter kaltem Wasser kurz abspülen und trocken tupfen.

2. GRILLEN: Am besten schmeckt es „englisch" bis „medium", denn dann ist das Fleisch besonders saftig. Je länger das Stück auf dem Grill liegt, desto größer ist die Gefahr, dass es austrocknet.

3. SERVIEREN: Zum Servieren könnten normale Teller zu klein sein – hier ist ein Steakbrett genau das Richtige. Würzen sollte jeder am Tisch dann selbst – mit Salz und reichlich Pfeffer.

Probieren Sie doch anstatt „normalen" Pfeffers mal die Rote-Pfefferbutter (siehe S. 251). Sie ist besonders delikat und passt zudem auch hervorragend zu gegrillten Maiskolben (siehe S. 235).

BEILAGE ZUM BIER

Der Name „Porterhouse" leitet sich von den englischen Gaststätten ab, in denen das Porter-Bier ausgeschenkt wird. Seit über 150 Jahren bekommen dort die Gäste Porterhouse-Steaks als üppige Grundlage passend zum Bier. Und neben vielem anderen sind auch diese Steaks mit den Einwanderern in die neue Welt gekommen.

Hamburger

Der klassische Hamburger zeichnet sich durch das besonders weiche und fast süßliche Brötchen aus, das ihn – mit oder ohne Sesam – umgibt. Die Mischung von Rinderhackscheibe, Salat, Ketchup, Gurken und Senf bringt den typischen Geschmack.

- ZUTATEN: 4 Hamburger-Brötchen • 500 g Rinderhackfleisch • 2 große Zwiebeln • mittelscharfer Senf • Salz • Pfeffer • Ketchup • einige Blätter grüner Salat • 2 Tomaten • 1/2 Schlangengurke (alternativ: Gewürz- oder Senfgurken) • 4 EL getrocknete Röstzwiebeln (nach Geschmack)

- 1. FLEISCHTEIG ZUBEREITEN: Eine Zwiebel fein würfeln. Dann das Hackfleisch mit der Zwiebel, Senf, 1 EL Ketchup, Salz und Pfeffer vermischen.

- 2. SALAT WASCHEN: Einige Salatblätter waschen und

trocken schleudern. Tomaten waschen, in Scheiben schneiden; dabei den grünen Stielansatz entfernen.

3. ZWIEBEL SCHNEIDEN: Die zweite Zwiebel schälen und in feine Ringe schneiden.

4. GURKE SCHNEIDEN: Schlangengurke waschen und in nicht zu dünne Scheiben schneiden. Gurken aus dem Glas abtropfen und ebenfalls in Scheiben schneiden.

5. FLEISCHSCHEIBEN GRILLEN: Den Hackfleischteig in vier Teile teilen und daraus jeweils eine flache Scheibe formen. Ca. 3 Minuten von jeder Seite grillen.

6. BRÖTCHEN ANRÖSTEN: Die aufgeschnittenen Brötchen kurz auf den Grill legen.

7. BURGER BELEGEN: Die Brötchenhälften dünn mit Senf bestreichen. Dann die Zutaten übereinander schichten. Den Ketchup nicht vergessen und je nach Geschmack mehr oder weniger dick aufstreichen.

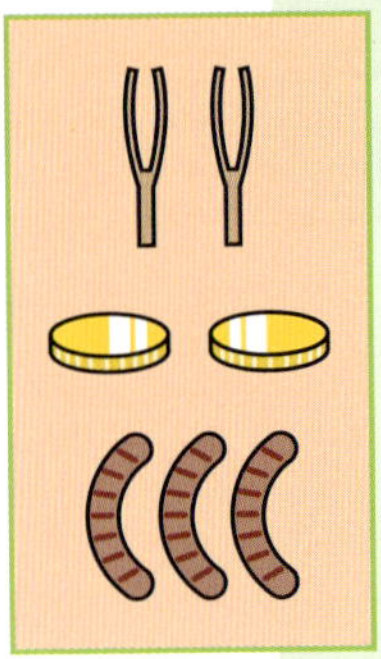

Ein Weltstar aus Hamburg

Woher der Name „Hamburger“ stammt, ist nicht eindeutig geklärt. Sicherlich geht der Wortursprung tatsächlich auf die deutsche Stadt Hamburg zurück. Deutsche Einwanderer brachten die einfache Hackfleischscheibe nach Amerika. Man legte sie vermutlich zwischen zwei Brötchenhälften, um Besteck zu sparen. Auf der Weltausstellung 1904 in St. Louis wurden solche Hackfleischbrötchen noch als „Hamburg“ verkauft – die Endung „er“ wurde erst später angehängt. Inzwischen wird der erste Wortteil oft ganz weggelassen und der „Burger“ ist in verschiedensten Variationen – z.B. als Cheeseburger – weltweit verbreitet.

TRI-TIP SANTA MARIA STYLE

Rinderbraten auf dem Grill rösten? Eine in Europa eher ungewöhnliche Variante, aber, in Amerika ist ja bekanntlich vieles möglich. Und so werden hier nicht nur riesige Steaks, sondern auch größere Bratenstücke gegrillt.

Auf den Grill sollte ein so genanntes Bürgermeister- oder Pastorenstück gelegt werden. Darunter versteht man ein ganz besonderes Stück, das zwischen Hüfte und Kugel sitzt und früher für so genannte feine Herren reserviert war. Heute muss man das Fleisch meist beim Metzger vorbestellen oder reservieren lassen.

Die Besonderheit eines Original Tri-Tips aus dem kalifornischen Pazifikstädtchen Santa Maria: Der Geschmack entfaltet sich erst dann am besten, wenn unter dem Grillrost die Kohle von Roteichen glüht! Aber auch vom Gasgrill schmeckt dieses Fleisch gut, denn der Geschmack wird auch wesentlich von den beiden „rubs" beeinflusst.

Mit dem Dry-Rub – einer trockenen Gewürzmischung – wird das Fleisch vor dem Grillen ordentlich eingerieben; der Wet-Rub – hier eine klassische Barbecue-Sauce – wird kurz vor Ende der Grillzeit auf das Tri-Tip gepinselt.

ZUTATEN: 3 TL Knoblauch-Granulat • 2 TL Salz • 2 TL gemahlener schwarzer Pfeffer • 1 TL scharfes Paprikapulver • 1 kg Rindfleisch/Bürgermeisterstück • fertige Barbecue-Sauce für Wet-Rub

1. DRY-RUB MISCHEN: Knoblauch-Granulat, Salz, Paprika und frisch gemahlenen Pfeffer in einem Schälchen mischen.

2. FLEISCH EINREIBEN: Das Bürgermeisterstück auf beiden Seiten mit dem Dry-Rub einreiben.

3. GRILLEN: Das Fleisch je nach Dicke ca. 8 bis 10 Minuten von jeder Seite direkt über der Glut oder auf dem Gasgrill grillen. Es sollte noch rosa sein.

4. WET-RUB AUFTRAGEN: Ganz am Ende der Grillzeit das Stück auf dem Grill von jeder Seite mit der Barbecuesauce bepinseln. Danach das Fleischstück noch 1–2 Minuten weitergrillen.

5. RUHEN LASSEN: Das Fleisch vor dem Servieren noch 2 Minuten am Rande des Grills ruhen lassen.

DRY-RUB

Dry-Rub kann man in einer größeren Menge mischen und – wie andere getrocknete Kräuter auch – längere Zeit lagern. Dann hat man den Dry-Rub als fertige Mischung auch für andere Grillfleisch-Arten wie beispielsweise Rippchen oder Hühnchen griffbereit.

RED SNAPPER

Der delikate Red Snapper verdankt seinen Namen der rötlich schimmernden Haut und seinem durchaus beeindruckenden Gebiss. Am besten grillt man ihn indirekt im Kugelgrill.

- ZUTATEN für 4 Personen: 1 Red Snapper (ca. 1500 g) • 1 Zitrone • Salz • neutrales Pflanzenöl

- 1. SÄUBERN: Den Fisch unter kaltem Wasser abspülen und die Schuppen entfernen.

- 2. SÄUERN UND SALZEN: Zitrone auspressen, den Fisch von außen und innen damit beträufeln und salzen.

- 3. GRILLPLATTE FETTEN: Die Grillplatte des Gasgrills oder den Rost mit Öl einpinseln, damit der Fisch nicht zu schnell daran haftet.

- 4. GRILLEN: Fisch auf den heißen Grill legen und von beiden Seiten jeweils ca. 10 Minuten bei geschlossenem Deckel grillen. Vor dem Wenden mit etwas Öl bepinseln.

FÜR GESCHMACK UND BRÄUNUNG OHNE FOLIE GRILLEN

Wird der Fisch auf einem Rost gegrillt, sollte man ihn in gefettete Alufolie wickeln. Bevor der Fisch fast fertig gegart ist, legt man ihn für Geschmack und Bräunung noch kurz ohne Folie auf den Grill.

Gefüllte Tortillas

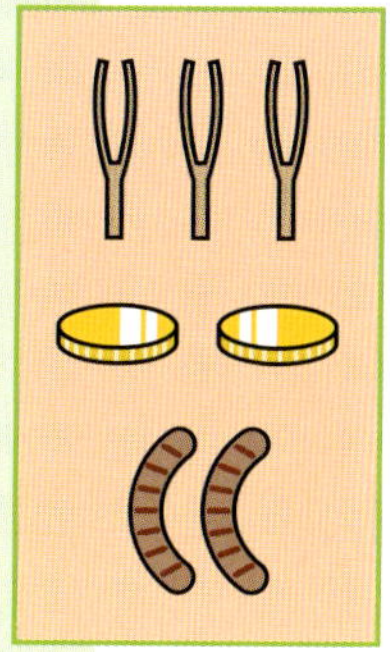

Die ursprünglich aus Mexiko stammenden Weizentortillas haben nicht nur in Kalifornien, sondern in ganz Amerika viele Freunde gefunden. Der dünne Brotteig ist ein gutes Beispiel dafür, wie sich kulinarische Spezialitäten über Ländergrenzen hinweg etablieren – und das selbst in Regionen, in denen die nachbarschaftlichen Verhältnisse nicht besonders positiv ausgeprägt sind. Besonders beliebt sind die dünnen, runden Fladen mit einer leckeren Füllung.

Dabei sind der Fantasie keine Grenzen gesetzt: Von Salat und Gemüse über Hühner- oder Rindfleisch ist fast alles möglich. Hier werden die Tortillas mit einer Hackfleisch-Gemüse-Füllung angerichtet.

ZUTATEN: 4 Weizentortilla-Fladen • 300 g Rinderhackfleisch • 1 mittelgroße Zwiebel • 1 Knoblauchzehe • 1 EL Tomatenmark • 1 rote Paprika • 2 Tomaten • 150 g Mais (aus der Dose) • Salz • 1 Msp. Cayennepfeffer • Chilipulver • 1 Spritzer Tabasco • 1 EL Pflanzenöl

1. ZWIEBEL UND KNOBLAUCH HACKEN: Die Zwiebel und die Knoblauchzehe schälen und in feine Würfel schneiden.

2. HACKFLEISCH ANBRATEN: Das Öl in einer Pfanne erhitzen und das Hackfleisch darin kross anbraten. Dabei mit einem Holzspatel in kleine Stückchen zerteilen.

- 3. ZWIEBEL UND KNOBLAUCH ZUGEBEN: Die Zwiebel und den Knoblauch dazu geben und kurz mitdünsten.
- 4. PAPRIKA UND TOMATEN ZERKLEINERN: Die Paprikaschote vierteln, Stielansatz und Kerne entfernen. In ca. 4 cm lange Stücke schneiden. Tomaten in kleine Stücke schneiden.
- 5. GEMÜSE ANDÜNSTEN: Paprika- und Tomatenstücke sowie den Mais ebenfalls in die Pfanne geben und kurz andünsten.
- 6. TOMATENMARK ZUGEBEN: Tomatenmark unterrühren und Gewürze hinzufügen.
- 7. KÖCHELN: Alles bei kleiner Hitze ca. 10 Minuten dünsten, dabei gelegentlich umrühren.

Dazu passen Guacamole (siehe S. 249), Sauerrahm und frischer Salat.

Mais- und Weizenmehl-Tortillas

Die hier gemeinten mexikanischen Tortillas sind Mais- oder Weizenmehl-Fladen und nicht zu verwechseln mit den spanischen Tortillas, also Omeletts. Maismehltortillas sind knusprig, aber auch zerbrechlich; Weizenmehl-Tortillas hingegen weich und biegsam. Auch geschmacklich unterscheiden sich die beiden Tortilla-Arten erheblich.

Gegrillter Maiskolben mit Kräuterbutter

Mais gehört zu den uramerikanischen Getreidesorten, die schon die Indianer kannten. Und so sind viele Maisgerichte traditionell in den Staaten sehr verbreitet. Gekochte Maiskolben haben sich als eine beliebte Beilage zu diversen Fleischgerichten durchgesetzt. Werden sie dann auch noch gegrillt und dabei mit würzigem Öl oder gesalzener Butter bestrichen, sind sie wirklich zum Anknabbern lecker!

Es gibt verschiedene Möglichkeiten, den Mais zu grillen:

- VORGEKOCHTER KOLBEN: Den Kolben zunächst vorkochen, danach nur so lange grillen, bis er eine schöne Bräunung hat. Dabei zwischendurch mit Gewürzöl oder Butter bestreichen.

- KOLBEN IN ALUFOLIE: Möchte man Mais ohne Vorkochen auf dem Grill garen, sollte man ihn in Alufolie verpacken. Den Kolben zuvor mit Butter einstreichen.

KOLBEN IN BLÄTTERHAUT

Eine weitere Grillmöglichkeit ist, den Maiskolben noch in seiner grünen Blätterhaut zu grillen:

- ZUTATEN: 4 Maiskolben • ca. 100 g Kräuterbutter • 4 Stücke Küchengarn

- 1. MAIS EINWEICHEN: Die Maiskolben mit den Blättern in eine Schüssel mit kaltem Wasser legen und 30 Minuten einweichen.

- 2. BLÄTTER ABZIEHEN: Das Wasser abtropfen oder mit den Händen vom Kolben abstreifen. Nun die Blätter

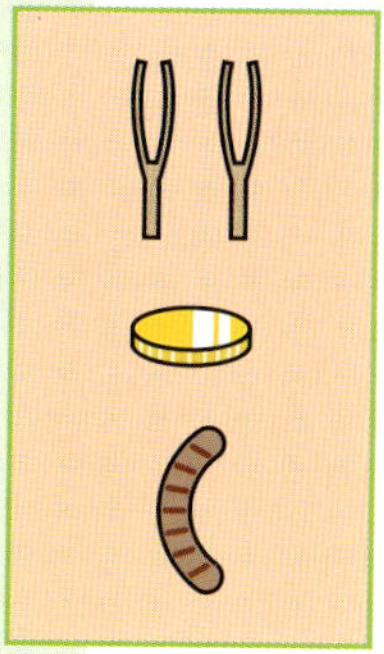

einzeln nacheinander wie bei einer Banane abschälen, ohne sie dabei jedoch ganz abzulösen.

- 3. MAIS BUTTERN: Mit einer Gabel großzügig die Butter rundherum auf dem Maiskolben verteilen.
- 4. MAISKOLBEN SCHLIESSEN: Die Blätter nun wieder um den Kolben legen. An der Spitze die Blattenden mit Küchengarn zusammenbinden.
- 5. GRILLEN: Die wieder verschlossenen Maiskolben auf den Grill legen und etwa 10–15 Minuten grillen.
- 6. GARPROBE: Wenn sich ein spitzes Messer relativ mühelos in das Stielende des Maiskolbens einstechen lässt, sind die Maiskörner gar.

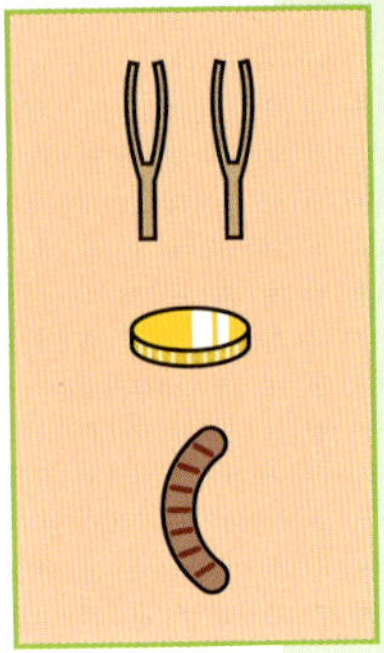

Scharfer Krautsalat

Krautsalat wird überall in Amerika gerne zu gegrilltem Fleisch gegessen. Es gibt zahlreiche Varianten – mit Möhren, Paprika oder Lauchzwiebeln – und auch unterschiedliche Dressings, zum Beispiel mit Majonäse. Hier eine eher schlichte, aber scharfe Variante:

- ZUTATEN für 4 Personen: 500 g Weißkohl • 80 ml Wasser • 125 ml Apfelessig • 1 EL brauner Zucker • 3 EL Ketchup • 1 geh. TL Salz • 1 frische Chilischote • frisch gemahlener Pfeffer (schwarz und weiß)

- 1. WEISSKOHL ZERKLEINERN: Den Weißkohl putzen, waschen und den Strunk entfernen. Nun den Kohl zunächst vierteln und dann in feine Streifen schneiden.

- 2. CHILI HACKEN: Chilischote längs aufschneiden und Kerne entfernen, damit die Sauce nicht zu scharf wird. Chili dann in dünne Streifen schneiden und fein hacken.

- 3. SAUCE MIXEN: Wasser, Essig, Ketchup mischen, Zucker und Salz einstreuen und so lange rühren, bis sie sich ganz aufgelöst haben.

- 4. WÜRZEN UND ZIEHEN LASSEN: Chili unterrühren, Sauce über den Weißkohl geben, gründlich verrühren und mit Pfeffer würzen. Mit Zucker und Salz noch mal abschmecken. Den Salat durchziehen lassen.

Braune Bohnen (Chili Beans)

Bohnengerichte haben nicht nur eine lange Tradition in der Küche Arizonas oder Texas, sondern werden auch in der mexikanischen Küche gern verwendet. Die braun-gesprenkelten Pintobohnen (pinto heißt auf Spanisch „gesprenkelt") werden auch als Wachtelbohnen bezeichnet. Man nimmt sie auch für Chili con carne. Dass das folgende Rezept auch geschmacklich an den bekannten Eintopf erinnert, liegt nicht nur an den Bohnen, sondern auch an der Chili-Mischung und dem Kreuzkümmel.

- ZUTATEN: 500 g gemischtes Hackfleisch • Pflanzenöl zum Anbraten • 1 mittelgroße Zwiebel • 2 Knoblauchzehen • 1–2 EL Chili-Pulver • 1 EL Kreuzkümmel (Cumin) • 2 TL Salz • 2 EL Mehl • 250 ml Tomatensauce (oder passierte Tomaten) • 2 Dosen Pinto-Bohnen

- 1. ZWIEBEL UND KNOBLAUCH ZERKLEINERN: Zwiebel und Knoblauch schälen, Zwiebel fein hacken, Knoblauch pressen.

- 2. FLEISCH ANBRATEN: Etwas Öl in eine Pfanne geben, das Hackfleisch bei großer Hitze darin kross anbraten und in Stückchen zerteilen.

- 3. FLEISCH WÜRZEN: Zwiebeln und Knoblauch dazugeben und kurz mitbraten. Dann Chili-Pulver, Kreuzkümmel und Salz hinzugeben und umrühren.

- 4. ABSTÄUBEN: Das Mehl über das Fleisch stäuben, umrühren, die Tomatensauce darüber gießen und die Bohnen hinzugeben.

- 5. KÖCHELN: So lange bei mittlerer Hitze köcheln lassen, bis die Flüssigkeit deutlich reduziert ist.

- 6. ABSCHMECKEN: Zum Schluss noch einmal abschmecken.

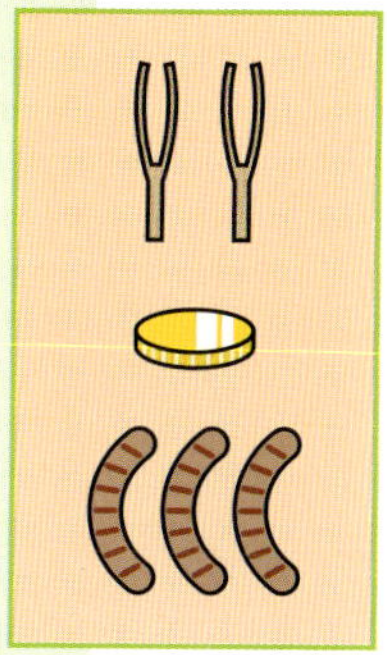

Hot Chili Salsa

Eine scharfe Chili-Sauce zählt zu den großen Klassikern des American-Barbecue. Ein typisch amerikanischer Grillabend ist so ohne diese pikante Sauce nicht denkbar. Sie eignet sich nicht nur gut als Beilage zum Tri-Tip (siehe S. 216), sondern auch als Dip z.B. mit Tortilla-Chips. Natürlich bekommt man die Salsa auch als Fertigprodukt im Supermarkt – besser schmeckt sie aber, wenn man sie selbst aus frischen Zutaten zubereitet.

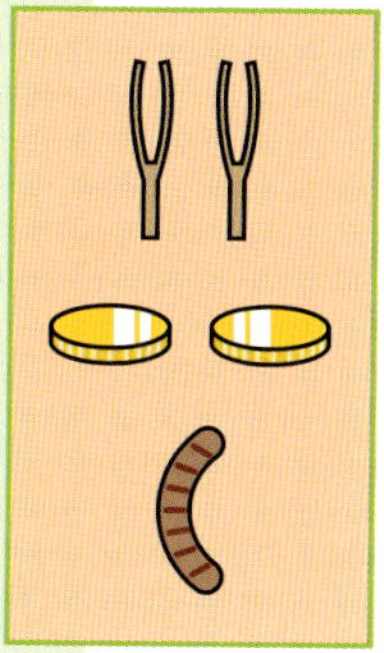

ZUTATEN: 1 gr. Dose geschälte Tomaten (mit Saft) • 1 Gemüsezwiebel (gewürfelt) • 3 Knoblauchzehen • 3 rote Chilischoten (oder eine Hand voll kl. Peperoni) • Salz • Pfeffer • 1 TL Olivenöl • frischer Koriander nach Geschmack

1. ZWIEBEL WÜRFELN: Die Zwiebel schälen und in feine Würfel schneiden.

2. CHILIS SCHNEIDEN: Die Chilischoten in sehr feine Stücke schneiden. Wenn es weniger scharf werden soll, die Kerne zuvor entfernen.

3. TOMATEN ZERKLEINERN: Die Tomaten aus der Flüssigkeit nehmen und in sehr kleine Stücke schneiden. Flüssigkeit wieder hinzugeben.

4. KORIANDER HACKEN: Koriander waschen, trocken schleudern, die Blätter von den Stielen zupfen und fein hacken.

5. SALSA MISCHEN: Tomaten, Zwiebel, Chilis und Koriander miteinander mischen, 1 EL Olivenöl zugeben, mit Salz und Pfeffer würzen.

6. ZIEHEN LASSEN: Die Salsa bereitet man am besten am Vortag zu und stellt sie über Nacht gut mit Frischhaltefolie zugedeckt in den Kühlschrank.

Pürierte Salsa

Man kann der Salsa mit dem Pürierstab eine etwas feinere Konsistenz verleihen. Sie sollte aber noch „chunky“ bleiben, d.h. Tomaten- und Zwiebelstückchen sind noch sichtbar.

Süss-scharfes Kürbismus

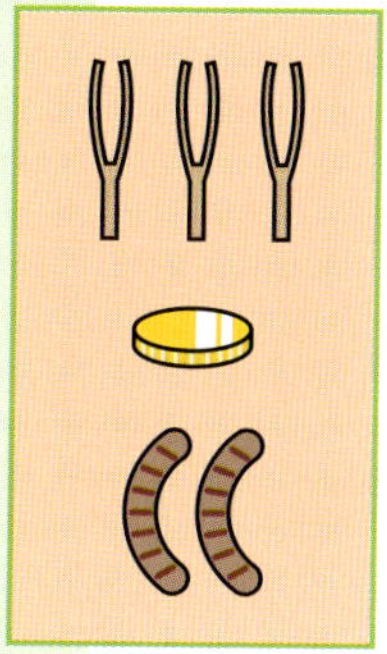

Kürbis gehört – im wörtlichen und im übertragenen Sinne – zu den ganz großen Gemüsesorten in den Vereinigten Staaten. Es gibt ihn überall und neben dem „pumpkin", dem gelben Riesenkürbis, gibt es zahlreiche andere Sorten aus denen Suppen, Eintöpfe, Brote oder Kuchen und auch köstliche Chutneys zubereitet werden.

Das süß-scharfe Kürbismus kann man nach dem Kochen – noch heiß – in verschließbare Gläser füllen und im Kühlschrank einige Monate aufbewahren.

- ZUTATEN: 1,5 kg Kürbis (z.B. gelber Zentner) oder 1 kg vorbereitetes Fruchtfleisch • 500 g Gelierzucker (2:1) • 4 cm frische Ingwerwurzel gerieben • 1 unbehandelte Orange • 1/4 TL Cayennepfeffer • 1 Msp. Nelkenpulver • 2 Msp. Zimtpulver

- 1. KÜRBIS VORBEREITEN: Den Kürbis in Spalten schneiden, schälen und die Kerne mit den Fasern entfernen. Das Fruchtfleisch (1 kg) in 3–4 cm große Würfel schneiden.

- 2. KÜRBISFLEISCH GAREN: Die Kürbisstücke in eine Pfanne mit hohem Rand geben und knapp mit Wasser bedecken. 20–30 Minuten weich kochen.

- 3. INGWER REIBEN: Die Ingwerwurzel schälen und reiben.

- 4. ORANGE REIBEN: Die Orange heiß abwaschen, trocknen und die Schale abreiben. Dann die Frucht auspressen.

- 5. KÜRBIS ABSCHMECKEN: Den Kürbis mit Ingwer, Orangenschale, Cayennepfeffer, Nelkenpulver und Zimt würzen. Orangensaft angießen.

- 6. KÜRBIS ANDICKEN: In das kochende Kürbismus den Gelierzucker einstreuen und unter Rühren 3 Minuten sprudelnd kochen lassen.

- 7. MUS ABFÜLLEN: Zum Konservieren das Kürbismus sofort in Gläser füllen und mit Twist-Off-Deckeln verschließen.

MELONENSAUCE

Fruchtig-scharf und mal etwas ganz anderes ist diese Sauce mit Melonenfruchtfleisch. Wenn die Wassermelonenzeit vorbei ist, die Grillsaison aber noch nicht, kann man auch andere Melonensorten versuchen, wie beispielsweise die Galia-Melone, die ebenfalls einen besonders hohen Wasseranteil besitzt.

- ZUTATEN: 1 Stück Melone (ca. 500 g) • 2 rote Chilischoten • 2 Knoblauchzehen • 2 EL Tomatenmark • 1 TL Sojasauce

- 1. MELONE SCHNEIDEN: Die Melone schälen, von Kernen befreien und 200 g Fruchtfleisch abwiegen. In kleine Stücke schneiden und mit einer Gabel grob zerdrücken.

- 2. CHILI HACKEN: Die Chilischote längs aufschneiden, die Kerne entfernen und die Schote fein hacken.

- 3. KNOBLAUCH HACKEN: Von den Knoblauchzehen die Haut abziehen und die Zehen fein hacken.

- 4. GEWÜRZE MISCHEN: Tomatenmark mit Knoblauch, Chili und der Sojasauce verrühren.

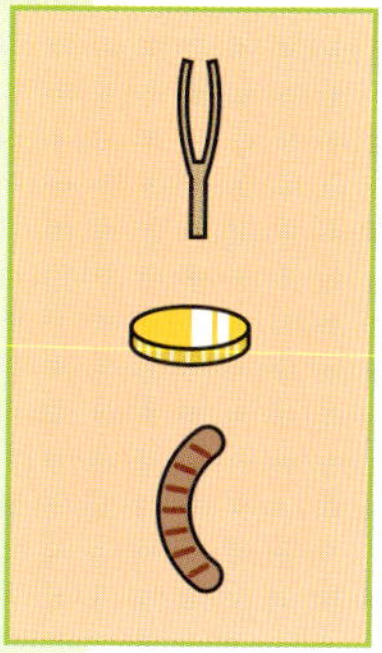

5. SAUCE ANRICHTEN: Die Melonenstücke zu der Tomatenmarkmischung geben und alles gut verrühren.

Diese Sauce passt gut zu Spareribs (siehe S. 216), aber auch zu Steaks. Man kann sie nicht nur als Beilage reichen, sondern auch kurz vor Ende der Grillzeit das Fleisch auf dem Grill dünn mit ein wenig Sauce bestreichen. Die restliche Sauce wird dann über das fertige Fleisch gegeben.

GUACAMOLE

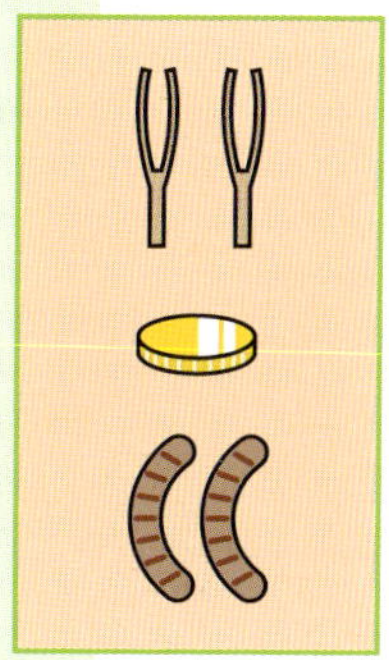

Guacamole ist ein Avocado-Dip, der ursprünglich aus der mexikanischen Küche stammt und zu dort typischen Gerichten wie Tortillas, Tacos oder Nachos gereicht wird. Wir empfehlen diesen leckeren – aber durch den hohen Fettgehalt der Avocado auch gehaltvollen – Dip zu den Tortillas genauso wie zum Tri-Tip (siehe Seite 227).

FRISCHE FARBE

Limetten- oder Zitronensaft ist nötig, um die Oxidation, also das Braunwerden, des Avocadofruchtfleisches zu verhindern.

- ZUTATEN: 1 reife Avocado • 1 Limette • 2 Tomaten • 1 grüne Chili • 1 Schalotte • Salz • Pfeffer • 1 Zweig frischer Koriander

- 1. TOMATEN HÄUTEN: Die Tomaten häuten, die Samen entfernen und das Fruchtfleisch in ca. 1 cm große Stücke schneiden.

- 2. CHILI HACKEN: Die Chilischote längs aufschneiden, die Kerne entfernen und die Schote fein hacken.

- 3. SCHALOTTE WÜRFELN: Die Schalotte schälen und in sehr feine Würfelchen schneiden.

- 4. LIMETTE PRESSEN: Die Limette auspressen.

- 5. AVOCADO ZERDRÜCKEN: Die Avocado längs halbieren, den Kern herausnehmen und die Frucht schälen. Das Fruchtfleisch in Würfel schneiden, mit der Hälfte des Limettensaftes übergießen und mit einer Gabel zerdrücken.

- 6. KORIANDER HACKEN: Den Koriander waschen, trocknen und die Blätter vom Stiel abzupfen und fein hacken.

- 7. DIP MISCHEN: Alle Zutaten miteinander vermischen, mit Salz und Pfeffer abschmecken und nach Geschmack mit restlichem Limettensaft nachwürzen. Die Limette sollte nicht zu stark durchschmecken.

Rote Pfefferbutter

Butter bietet eine dankbare Grundlage für verschiedenste Gewürzvariationen. Diese rote Pfefferbutter ist besonders edel: Milde Schärfe und ein fruchtiges Aroma zeichnen die Mischung aus.

- ZUTATEN: 125 g Butter • 1 Schalotte • 2 EL frisch gepresster Orangensaft • 1 EL roter Pfeffer • 1 Messerspitze Pimentpulver

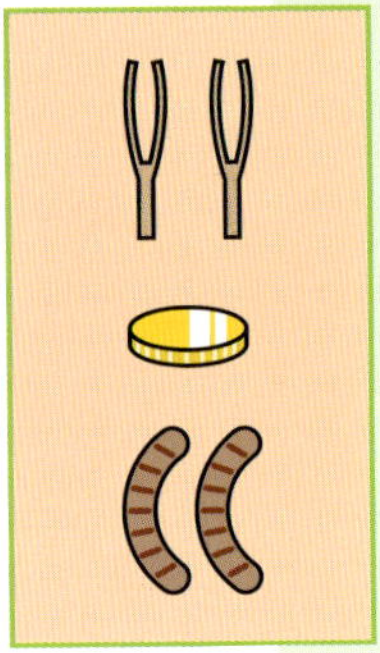

1. BUTTER TEMPERIEREN: Die Butter 1 Stunde vor Beginn der Zubereitung aus dem Kühlschrank nehmen, damit sie Zimmertemperatur annehmen kann.

2. SCHALOTTE HACKEN: Die Schalotte schälen und in sehr feine Würfel schneiden, bzw. fein hacken.

3. PFEFFER STOSSEN: Die roten Pfefferkörner in einem Mörser zerreiben.

4. MISCHEN: Die Butter mit dem Orangensaft verrühren (am besten mit einer Gabel). Schalottenwürfel, Piment und Pfeffer einarbeiten.

5. KÜHLEN: Lagern Sie die vorbereitete Butter kühl, aber nehmen Sie sie ca. 30 Minuten vor dem Servieren aus dem Kühlschrank, damit sie zum Zeitpunkt des Servierens streichfähig ist.

Der Pfeffer, der keiner ist

Die Früchte des brasilianischen Pfefferbaums (Sumachgewächse) sehen zwar aus wie Pfefferkörner, sind aber rein botanisch betrachtet kein Pfeffer, sondern Beeren. Wegen ihres hohen Zuckeranteils sind sie mild aromatisch und lassen sich hervorragend mit fruchtigen Aromen kombinieren. Der in Europa als Gewürz gehandelte rote Pfeffer stammt größtenteils von der Insel Réunion.

Asien

Grillen mit Ingwer & Curry

Vielfältige Küchentraditionen

So vielfältig wie sich die Länder, Völker und Kulturen auf dem asiatischen Kontinent präsentieren, so vielfältig sind auch deren Traditionen in der Zubereitung von Speisen. Allenthalben schaut man auf jahrtausendealte Küchentraditionen mit unterschiedlichsten Schwerpunkten zurück. Allein die chinesische Küche ließe sich in fünf bis acht Regionalküchen einteilen, die zum Teil

völlig verschieden schmecken. Und in Thailand oder Japan stehen ganz andere Spezialitäten auf dem Speiseplan als beispielsweise in Ländern wie Indien oder Indonesien.

Dennoch gibt es typische Zutaten oder auch Gerichte, die uns unmittelbar an asiatische Küche denken lassen: Von duftendem Reis oder hauchdünnen Glasnudeln über Sojasprossen oder Ingwer bis hin zu Curry, Koriander, Kokosmilch oder Zitronengras.

Das Zubereiten von Speisen auf offenen Feuerstellen hat in Asien genauso Tradition wie in anderen Teilen der Erde – ob in Japan z.B. auf heißen Platten oder in Thailand auf Holzkohlegrills aus Ton. Auch die Tradition der Garküchen – Kochen auf offener Straße im Wok oder auch auf dem Grill.

Wie selten sonst auf der Welt stehen im asiatischen Raum frische Zutaten ganz oben auf den Speiselisten und die Küche kann insgesamt als leicht bezeichnet werden. Bei chinesischen Gerichten mag das unter anderem daran liegen, dass man hier fast nie Milchprodukte verwendet. In Japan wird generell sehr fettarm gekocht.

Die Geschmäcker sind verschieden – dieser Binsenweisheit tragen besonders die chinesische und die thailändische Küche Rechnung: Die fünf verschiedenen Geschmäcker salzig, sauer, scharf, bitter und süß spielen hier eine wichtige Rolle in der Zusammenstellung von Mahlzeiten.

So steht etwa einem scharfen Gericht ein mildes gegenüber, oder einem süß-sauren vielleicht ein salziges. Und: Das Auge isst mit! Farbe, Aroma und Konsistenz und der sich daraus ergebende harmonische Gesamteindruck eines Gerichtes sind bedeutsame Aspekte bei der Auswahl der Rezepte.

Die in diesem Kapitel vorgeschlagenen Rezepte für ein asiatisches Grillbüffet können als eine Art Crossover-Auswahl angesehen werden. Sie zitieren unterschiedliche regionale Gerichte oder Spezialitäten und sind nicht zuletzt auch als Impuls für eigene Kreationen gedacht.

Denn: Schon ein einzelnes Gewürz – wie z.B. Ingwer oder Koriander – kann einem „normalen“ Gericht einen Hauch asiatischen Flairs verleihen. Und bei der hohen Anzahl spezieller Gewürze, die die asiatische Küche kennzeichnen und auszeichnen, sind der Vielfalt eigener Rezeptideen oder Variationen kaum Grenzen gesetzt.

DIE FÜNF GESCHMÄCKER

Zu den fünf Geschmäckern äußerte sich ein Poet des 18. Jahrhunderts folgendermaßen: „Man muss vorher wissen und verstehen, wann der Magen der Gäste ausreichend gefüllt ist und sich Müdigkeit einstellt. Dann müssen zur Anregung scharfe Speisen aufgetragen werden. Fürchtet man, die Gäste könnten zuviel Wein trinken, so sollten sie durch saure oder süße Saucen angeregt werden, um ebenfalls Müdigkeit zu lindern.“

SCHARFES HÜHNCHEN

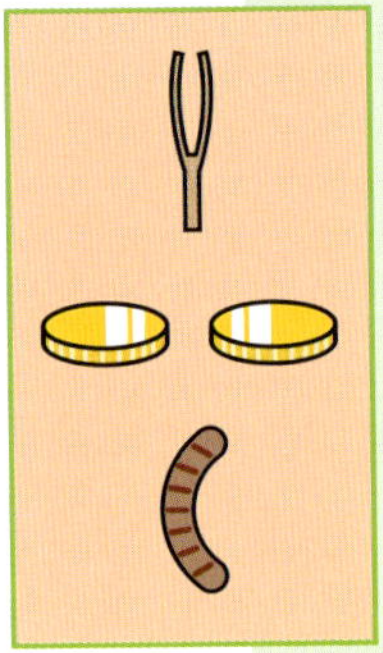

Pikant, aber nicht zu aufdringlich schmecken die Hühnerteile, wenn man sie mit dieser Paprikapaste einstreicht. Keulen oder Schenkel sind meist wegen ihrer knusprig gerösteten Häute besonders beliebt; die gegrillte Hühnerbrust ist aufgeschnitten allerdings der bessere Saucenträger.

- ZUTATEN: Hühnerbrust ohne Knochen • Hühnerschenkel, -keulen oder -flügel • 1TL Salz • 1/4 TL Paprika rosenscharf • 2 EL neutrales Pflanzenöl

- 1. FLEISCH VORBEREITEN: Die Fleischstücke kalt abspülen und sorgfältig trocken tupfen. Das Hühnerbrustfilet in der Mitte teilen.

- 2. GEWÜRZE MISCHEN: Salz und Paprikagewürz in das Öl geben und gut miteinander verrühren. Dabei sollte eine breiige, pastöse Masse entstehen.

- 3. FLEISCH WÜRZEN: Die Fleischstücke dünn mit der Paste einpinseln.

- 4. FLEISCH GRILLEN: Die Hühnerteile goldbraun grillen und dabei regelmäßig wenden.

Zu den Hühnerteilen passen der Reis von Seite 272 und die Bananen-Curry-Sauce von Seite 293 sehr gut.

Entenbrust mit Sherrymarinade

Die gegrillte Entenbrust wird durch die Sherry-Soja-Marinade besonders edel. Der Zitronenpfeffer darin ist eine Gewürzmischung aus getrockneter Zitronenschale, Pfeffer, Salz und meist auch Zucker. Da die fertigen Würzmischungen manchmal schon recht viel Salz enthalten, sollte man mit weiterem Salz in der Marinade vorsichtig sein und lieber später das fertige Fleischstück noch mal nachsalzen.

ZUTATEN: 2 Entenbrüste ohne Knochen • 4 EL dunkle Sojasauce • 3 EL Sherry • 1/4 Tasse Sesamöl • 1 TL Zitronenpfeffer • Salz nach Bedarf

1. ENTENBRUST VORBEREITEN: Die Entenbrust abwaschen und trocken tupfen. Gegebenenfalls Sehnen entfernen.

2. HAUT EINSCHNEIDEN: Das Fleisch mit der Hautseite nach oben auf ein Küchenbrett legen und die Haut mit einem scharfen Messer rautenförmig einschneiden.

3. MARINADE ANRÜHREN: Sojasauce, Sherry, Öl, Zitronenpfeffer und bei Bedarf ein wenig Salz gut verrühren und in einen tiefen Teller geben.

4. FLEISCH MARINIEREN: Entenbrust mit der Hautseite nach unten in die Marinade legen und 1 bis 2 Stunden marinieren. Dabei zwischendurch wenden.

5. GRILLEN: Das Fleisch mit der Hautseite nach unten auf den Grill legen. Diese Seite wird länger gegrillt als die andere. Die Ente nur so lange grillen, dass das Fleisch innen noch rosa ist. Vor dem Servieren sollte das Fleisch noch 2 bis 3 Minuten an der Seite des Grillrostes ruhen.

Zu der Entenbrust passen die glasierten Möhren (siehe S. 285) und Reis oder Weißbrot.

RINDERFILET

Das edelste Stück vom Rind benötigt keine aufwändigen Marinaden, man kann es bestens pur – nur mit frisch gestoßenem Pfeffer gewürzt – genießen. Entscheidend ist nicht nur die Qualität des Fleisches, sondern auch die richtige Grillzeit.

- ZUTATEN: 4 Rinderfilets à 200 g • Pfeffer • Salz

- 1. FLEISCH VORBEREITEN: Die Filets unter kaltem Wasser abspülen und trocken tupfen.

- 2. FLEISCH GRILLEN: Das Fleisch ungewürzt auf den Grillrost legen und gleichmäßig von jeder Seite grillen.

- 3. GARPROBE: Der Profi drückt den Daumen auf das Fleisch. Man kann aber auch eine Gabel benutzen. Das Fleisch muss noch deutlich nachgeben, wenn es „medium" sein soll.

- 4. RUHEN LASSEN: Die Filets an den Rand des Grillrostes legen und vor dem Servieren noch ca. 2 Minuten ruhen lassen.

- 5. WÜRZEN: Nach eigener Geschmacksvorliebe am Tisch salzen und pfeffern.

KURZ UND GUT

Es ist immer besser, Fleisch etwas früher vom Grill zu nehmen und dann eventuell noch einmal nachzugrillen, als es zu lange auf dem heißen Rost liegen zu lassen. Das gilt ganz besonders für edle Filetstücke.

Zu Rinderfilet passen verschiedenste Saucen, ob fruchtig, scharf oder süß. Hier ist es mit einer süß-sauren Sauce kombiniert (siehe S. 290).

SCHWEINEFILET-SPIESS MIT SOJA-MARINADE

Dieser Spieß erhält durch die Sojasaucen-Marinade eine recht dunkle Farbe, die sein pikantes Aroma schon auf dem Grill vermuten lässt. Wenn Sie helle Sojasauce verwenden, wirkt sich dies nicht nur auf die Farbe des Fleisches, sondern auch auf den Geschmack aus, der dann insgesamt milder wird. Ihre fruchtige Note erhält die Marinade durch das Zitronengras.

- ZUTATEN: 2 Schweinefilets • 1 Stängel Zitronengras • 2 Knoblauchzehen • 4 EL dunkle Sojasauce • 2 EL Sesamöl • 1 TL brauner Zucker

- 1. FLEISCH VORBEREITEN: Die Schweinefilets kalt abwaschen, trocken tupfen und in 2–3 cm dicke Scheiben schneiden.

- 2. ZITRONENGRAS HACKEN: Zitronengras zunächst in sehr dünne Scheiben schneiden und dann fein hacken. Für dieses Rezept empfiehlt sich eine Menge von ca. 2 EL Zitronengras.

- 3. KNOBLAUCH ZERKLEINERN: Die Knoblauchzehen schälen und ebenfalls fein hacken.

- 4. GEWÜRZE MISCHEN: Zitronengras, Knoblauch und Zucker in einem Schälchen gut miteinander vermischen.

- 5. MARINADE ANRÜHREN: Sojasauce und Öl verquirlen, die Gewürzmischung hinzugeben und alles gründlich verrühren.

- 6. SPIESSE BESTÜCKEN: Die Fleischstücke auf Spieße stecken, die Spieße auf einen ausreichend großen Teller legen, die Marinade darüber geben und die Spieße darin wenden.

- 7. MARINIEREN: Abdecken, in den Kühlschrank stellen und mindestens 1 Stunde marinieren. Die Spieße dabei zwischendurch umdrehen.

- 8. GRILLEN: Vor dem Grillen die Spieße gegebenenfalls etwas abtropfen lassen und dann von jeder Seite ca. 2 bis maximal 3 Minuten grillen.

Die Erdnusssauce (siehe S. 295) und der scharfe Sprossensalat (siehe S. 277) sind perfekte Beigaben zu diesen pikanten Spießen.

Verfeinern mit Zitronengras

Frisches Zitronengras kann man fein geschnitten direkt ins Essen geben, getrocknete Stücke hingegen sollten vorher kurz in warmes Wasser eingelegt werden. Falls kein Zitronengras zur Hand ist, lässt es sich am ehesten durch Zitronenmelisse ersetzen. Sie ist ähnlich mild und dominiert nicht so stark wie z.B. Zitronenschale.

Papageienfisch mit Zitronen-Ingwer-Marinade

Der exotische Papageienfisch sieht nicht nur wunderschön aus, sondern ist mit seinem festen, weißen Fleisch auch eine besondere Delikatesse. Die meisten dieser Fischarten leben an Korallenriffen – dort leben sie von Algen oder Kleingetier.

Ein besonders farbenprächtiger – der Nasenhöcker-Papageienfisch – wird bei uns als Speisefisch angeboten. Er kann über 60 cm lang und 2 bis 3 Kilo schwer werden. Der Fisch lässt sich gut im Ganzen einfrieren und behält auch nach dem Auftauen seine bunte Färbung. Hier wird der Papageienfisch mariniert und in Folie gewickelt gegrillt.

ZUTATEN (für 6 Personen): 1 Papageienfisch (ca. 2 kg); für die Marinade: 1 Stück Ingwer (4–5 cm) • 1 unbehandelte Zitrone • 4 EL Sesamöl • 1 TL Salz

1. FISCH SÄUBERN: Den Fisch unter fließendem kaltem Wasser abwaschen. Die fest sitzenden Schuppen können gut mit einer kleinen Zange entfernt werden.

2. INGWER REIBEN: Den Ingwer schälen und auf einer Küchenreibe fein raspeln.

3. ZITRONE REIBEN UND PRESSEN: Die Zitrone heiß abwaschen, von einer Hälfte die Schale abreiben und die Zitrone dann auspressen.

4. MARINADE ANRÜHREN: Den Zitronensaft mit 4 EL Sesamöl gut vermischen, Ingwer, Zitronenschale und 1 TL Salz einrühren.

5. FISCH MARINIEREN: Den Fisch auf ein großes Stück Alufolie legen und mit der Marinade bestreichen oder bepinseln. Einen Teil der Marinade mit einem Löffel in die Bauchhöhle streichen.

6. FOLIE SCHLIESSEN: Die Alufolie sorgfältig so verschließen, dass sie später von oben geöffnet werden kann.

7. GRILLEN: Den Papageienfisch mindestens 5 bis 10 Minuten von jeder Seite grillen.

Dieser besondere Fisch sollte im Mittelpunkt eines kulinarischen Erlebnisses stehen. So empfehlen wir dazu nur Weißbrot und einen einfachen Blattsalat mit einem dezenten Dressing.

ZEIT SPAREN!

Die Schuppen beim Papageienfisch zu entfernen ist recht aufwändig, da sie alle einzeln herausgezogen werden müssen. Manche Händler bieten ihre Fische aber auch bereits entschuppt an; den Papageienfisch so vorbereitet zu kaufen, spart also Zeit!

Roter und schwarzer Reis

Ohne Reis ist die asiatische Küche undenkbar – er gehört nicht nur zu den Hauptnahrungsmitteln im fernen Osten, sondern wird auch in unterschiedlichsten Varianten angebaut und angeboten. Denn neben den bekannten, weißen Reissorten wie beispielsweise dem zart duftenden Basmati- oder dem leicht klebenden Jasminreis gibt es zahlreiche andere Sorten, die ein Grillbüffet nicht nur geschmacklich, sondern auch farblich bereichern.

In Asialäden findet man häufig eine große Auswahl – man darf also ruhig neugierig sein und einfach mal nach Optik auswählen! Der Reis kann als Beilage zu allen asiatischen Gerichten serviert werden.

- ZUTATEN: Je 1 Tasse Reis • 4 Tassen Wasser • 2 EL Butter • etwas Zitronensaft

- 1. REIS WASCHEN: Die beiden Arten getrennt voneinander in einem Haarsieb mehrfach abspülen und abtropfen lassen.

- 2. REIS KOCHEN: Beide Reisportionen getrennt voneinander in jeweils 2 Tassen kaltem Wasser aufsetzen. Herd auf die höchste Stufe schalten. Den Reis zum Kochen bringen und 5 Minuten kochen lassen.

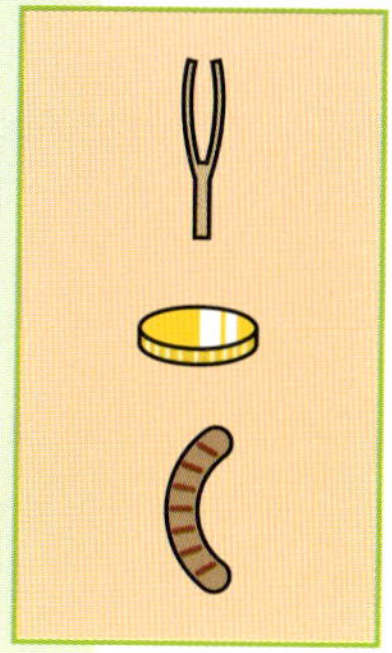

- 3. WÜRZEN: In beide Töpfe jeweils 1 TL Salz geben und umrühren. In den roten Reis außerdem noch einige Spritzer Zitronensaft geben.

- 4. AUSQUELLEN: Deckel aufsetzen, die Herdplatte auf kleinste Stufe schalten und den Reis ca. 20–30 Minuten quellen lassen. Zwischendurch umrühren.

- 5. ABRUNDEN: Zum Schluss jeweils 1 EL Butter auf den Reis geben, schmelzen lassen und umrühren. Auf dem Foto unten sind schwarzer und roter Reis mit einer Bananen-Curry-Sauce (siehe S. 293) angerichtet.

Glasnudelsalat mit scharfer Sauce

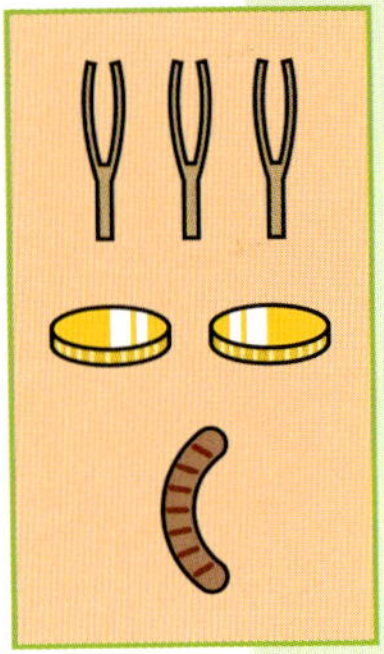

Dieser Nudelsalat der besonderen Art verwöhnt den Gaumen aufgrund seiner interessanten Zutaten und bereichert jedes asiatische Grillbüffet. Er lässt sich zwar einfach zubereiten, aber das Schneiden und Hacken der Zutaten ist recht zeitintensiv.

ZUTATEN (für den Salat): 20 g Glasnudeln • 2 Möhren • 200 g Staudensellerie • 1 mittelgroße Salatgurke • 100 g roher geräucherter Schinken in Scheiben • 100 g geschälte Garnelen • 3 Eier • 1 EL Sonnenblumenöl; für das Dressing: 1 EL Zitronensaft • 4 EL Sojasauce • 3 EL Reisweinessig • 3 EL Sesamöl • 1 EL brauner Zucker • 1 TL scharfer Senf • 1 EL eingelegter grüner Pfeffer

1. NUDELN GAREN: Die Glasnudeln mit kochendem Wasser überbrühen und 3 Minuten ziehen lassen. Dann in ein Sieb abgießen, mit kaltem Wasser abschrecken, abtropfen lassen und in mundgerechte Stücke schneiden.

2. MÖHREN UND SELLERIE SCHNEIDEN: Die Möhren schaben oder schälen, waschen und in feine flache Stifte schneiden. Den Sellerie von Strunk und Blättern befreien, die Stangen gründlich waschen und in feine Scheiben schneiden.

3. GURKE HOBELN: Die grüne Gurke gründlich waschen, längs halbieren und mit einem Teelöffel die Kerne entfernen. Dann in dünne Scheiben schneiden oder hobeln.

- 4. SCHINKEN SCHNEIDEN: Den Schinken in ca. 1 cm breite Streifen schneiden und diese dann noch einmal in mundgerechte Stücke zerteilen.

- 5. GARNELEN VORBEREITEN: Die Garnelen – falls erforderlich – langsam auftauen.

- 6. EIER VERQUIRLEN: Zwei Eigelb und ein ganzes Ei in einer Schüssel mit einer Gabel verschlagen.

- 7. EIERKUCHEN BACKEN: 1 EL Sonnenblumenöl in einer Pfanne erhitzen und aus den verquirlten Eiern einen Eierkuchen backen. Aus der Pfanne nehmen, etwas abkühlen lassen und in kurze Streifen schneiden.

- 8. DRESSING ANRÜHREN: Zitronensaft, Sojasauce, Reisweinessig, Zucker, Sesamöl und Senf mit dem Schneebesen verrühren. Zuletzt den Pfeffer unterrühren.

- 9. SALAT MISCHEN: Zunächst die Glasnudeln mit den Möhren-, Gurken- und Selleriestücken vermischen. Dazu am besten die Hände benutzen.

- 10. SALAT ANRICHTEN: Das Dressing darüber geben und noch mal durchmischen. Nun den Salat in einer Servierschüssel oder auf einer tiefen Platte anrichten und abschließend die Garnelen und die Eierkuchenstreifen sowie den Schinken darüber geben.

Scharfer Sprossensalat

Dieser Salat bekommt den geschmacklichen „Kick“ durch die knackigen Sojasprossen und das scharf-würzige Dressing. Wer mag, kann nicht nur mit thailändischem Basilikum, sondern zusätzlich mit frischem Koriandergrün würzen – dies gibt dem Salat eine ganz spezielle Note.

ZUTATEN (für den Salat): 2 mittelgroße Möhren • 1 Salatgurke • 150 g frische Sojasprossen • 3 Zweige Thai Basilikum • evtl. 1 Zweig frisches Koriandergrün nach Geschmack; für das Dressing: 2 rote Chilischoten • 2 Knoblauchzehen • Salz • 2 EL brauner Zucker • 3 Limetten (ersatzweise Zitronen) • 4 EL trockener Sherry

- 1. MÖHREN WÜRFELN: Die Möhren schaben, waschen und in kleine Würfel schneiden.

- 2. GURKE WÜRFELN: Die Gurke schälen, längs halbieren und die Kerne mit einem Löffel heraus kratzen. Dann jede Gurkenhälfte zwei weitere Male längs halbieren und ebenfalls klein würfeln.

- 3. SOJASPROSSEN WASCHEN: Die Sojasprossen in ein Sieb geben und mit heißem Wasser abbrausen, bzw. heiß überbrühen. Abtropfen lassen.

- 4. KNOBLAUCH PRESSEN: Die Knoblauchzehen schälen, durch eine Presse drücken oder mit Salz zerdrücken (siehe S. 73).

- 5. CHILIS ZERKLEINERN: Chilischoten waschen, längs aufschneiden und entkernen. Schote zunächst in schmale Längsstreifen schneiden und dann fein hacken.

- 6. LIMETTEN AUSPRESSEN: Die Limetten auspressen und den Saft mit dem Sherry verrühren.

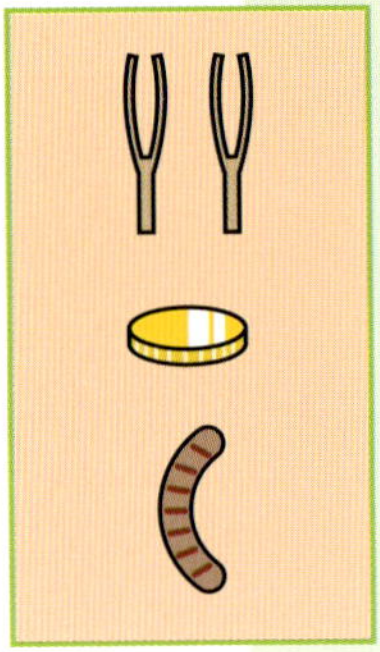

- 7. DRESSING MISCHEN: Chili, Zucker und Knoblauch zur Flüssigkeit geben und alles gut vermischen.

- 8. KRÄUTER HACKEN: Das Thai Basilikum von den Stielen zupfen und nicht zu fein hacken. Nach Geschmack frische Korianderblätter ebenfalls abzupfen und fein hacken.

- 9. SALAT ANRICHTEN: Möhren, Gurke und Sprossen in einer Schüssel mit den Kräutern vermengen, das Dressing darüber geben und alles verrühren.

- 10. ZIEHEN LASSEN: Den Salat ca. 20 Minuten ziehen lassen, sodass sich die Aromen gut entfalten können.

Der Salat eignet sich hervorragend zu allen asiatischen Fisch- und Fleischgerichten. Besonders empfehlenswert ist er natürlich dort, wo das Grillgut mit den gleichen Zutaten mariniert wird. Hier wird er zusammen mit Schweinespießen serviert (siehe S. 266).

THAI BASILIKUM

Vom Thai Basilikum (ocimum basilikum) gibt es verschiedene Arten, hier ist das in Thailand Bai Horapha genannte gemeint. Es hat mittelgroße dunkelgrüne und leicht gezackte Blätter, die Stiele sind rötlich. Es ist geschmacklich nicht mit dem europäischen Basilikum vergleichbar – die scharf-würzigen Blätter haben ein süßliches Anisaroma.

Salat mit Korianderdressing

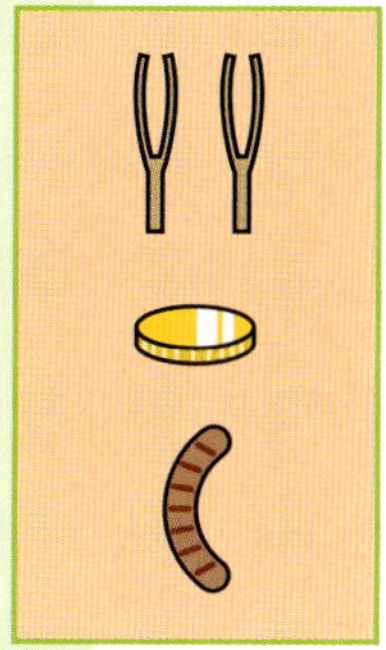

Das besondere an diesem Salat ist der frische Koriander, der aus der asiatischen Küche nicht fortzudenken ist. So lecker ihn viele auch finden – er ist nicht jedermanns Geschmack.

- ZUTATEN: 2 große Möhren • 1 Kopf Eichblattsalat • 200 g feine Erbsen (tiefgekühlt) • 150 g Champignons; für das Dressing: Saft $^1/_4$ Zitrone • 1 Tasse Sonnenblumenöl • 5 EL Sesamöl • 2 TL körniger Senf • 1 gestr. TL Korianderpulver • 1 Zweig Koriandergrün

- 1. MÖHREN SCHNEIDEN: Die Möhren schaben oder schälen, waschen und in feine Stifte schneiden.

- 2. SALAT WASCHEN: Den Eichblattsalat waschen, trocken schleudern und in einer Schüssel anrichten.

- 3. ERBSEN BLANCHIEREN: Die Erbsen in einem großen Topf mit sprudelnd kochendem Salzwasser 3 Minuten blanchieren. Dann in ein Sieb schütten, mit kaltem Wasser abschrecken und abtropfen lassen.

- 4. CHAMPIGNONS SCHNEIDEN: Die Pilze bei Bedarf säubern (nicht waschen) und die Stielenden knapp abschneiden. Große Pilze einmal halbieren und dann quer in dünne Scheiben schneiden.

- 5. PILZE SÄUERN: Die Pilze mit ein wenig Zitronensaft beträufeln.

6. GEMÜSE MISCHEN: Die Möhrenstifte mit den Pilzen und den Erbsen in einer Schüssel vermischen.

7. DRESSING ANRÜHREN: Sonnenblumen- und Sesamöl, Zitronensaft, Korianderpulver und Senf gut verrühren.

8. KORIANDER HACKEN: Das Koriandergrün waschen, gut trocken tupfen und die Blätter von den Stielen zupfen. Die Korianderblätter fein hacken.

9. SALAT ANRICHTEN: Einen Teil der Salatsauce über den Eichblattsalat geben, den anderen Teil mit den Möhren, Erbsen und Pilzen vermischen. Die Mischung dann auf das Salatbett geben und mit Korianderblättchen nach Belieben bestreuen.

FRISCHER KORIANDER

Frischer Koriander hat einen sehr eigenwilligen und dominanten Geschmack. Wenn Sie das Kraut zum ersten Mal verwenden, sollten Sie es vorher einmal probieren, um je nach Gusto die angegebene Menge variieren zu können.

Glasierte Möhren

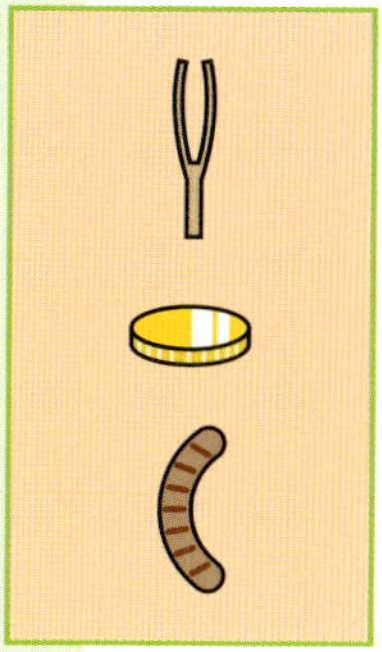

Das in Möhren enthaltene Vitamin A braucht Fett, um sich lösen zu können. Mit einer Glasur aus Butterkaramell gelingt das auf süße und schmackhafte Weise.

- ZUTATEN: 4 Möhren • 1 EL Butter • 2 EL Zucker

- 1. MÖHREN SÄUBERN: Die Möhren schaben, waschen und die Blattansätze abschneiden.

- 2. MÖHREN SCHNEIDEN: In ca. 5 cm lange Stücke schneiden. Schön sieht es aus, wenn die Schnittkanten dabei abgerundet werden.

- 3. MÖHREN KOCHEN: Möhren in etwas Wasser bissfest kochen.

- 4. ZUCKER KARAMELLISIEREN: Butter in einer Pfanne erhitzen. Sobald sie geschmolzen ist, den Zucker einstreuen und schmelzen.

- 5. MÖHREN GLASIEREN: Die Möhren in den Karamell geben und unter regelmäßigem Wenden glasieren.

Diese süßen Möhren harmonieren nicht nur gut mit der Ente (siehe S. 263), sondern ebenso mit Fisch oder scharfen Fleischstücken.

Austernseitlinge mit Basilikum-Marinade

Diese Pilze erhielten ihren Namen, da sie ähnlich wie Austernbänke wachsen – zum Beispiel gerne an alten Baumstümpfen. Die ursprünglich in Asien beheimateten Pilze werden inzwischen in Europa ganzjährig kultiviert, sodass sie in gut sortierten Supermärkten auch im Sommer frisch zu haben sind.

Austernseitlinge zeichnen sich nicht nur durch ihr ausgeprägtes Aroma aus, sondern sind auch ausgesprochen kalorienarm. Zudem weisen sie einen hohen Gehalt an allen B-Vitaminen, Vitamin D sowie verdauungsfördernden Ballaststoffen auf und sind somit besonders gesund. Im Kühlschrank halten sie sich mehrere Tage lang frisch.

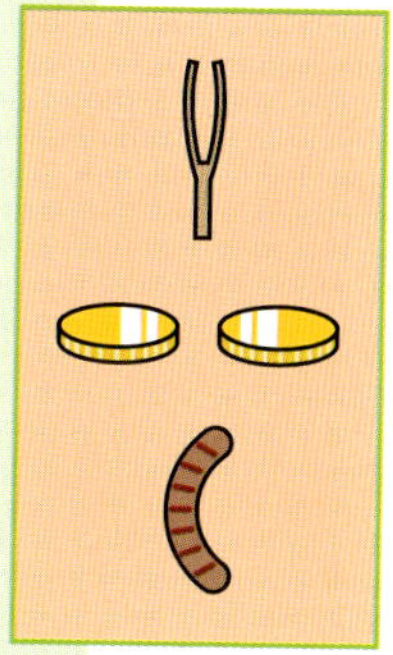

- ZUTATEN: 500 g Austernseitlinge • 1 Zweig Thai Basilikum • 3–4 Knoblauchzehen • 4 EL Olivenöl • 2 EL trockener Weißwein (ersatzweise Zitronensaft) • Salz • Pfeffer

- 1. PILZE SÄUBERN: Die Pilze – falls erforderlich – mit einem spitzen Messer säubern und die Stielenden knapp abschneiden. Keinesfalls sollten die Pilze gewaschen werden. Oft reicht es aus, die Austernseitlinge mit einem feuchten Tuch abzureiben.

- 2. BASILIKUM HACKEN: Das Basilikum waschen, vorsichtig trocken schleudern oder tupfen und die Blätter von den Stielen zupfen. Blätter in feine Stückchen schneiden.

- 3. KNOBLAUCH SCHNEIDEN: Den Knoblauch schälen und in sehr dünne Scheiben schneiden.

- 4. MARINADE ANRÜHREN: Öl und Wein gut verrühren, salzen, frischen Pfeffer darüber mahlen, Knoblauch und Basilikum unterrühren.

- 5. PILZE MARINIEREN: Die Pilze in eine Schüssel geben, mit der Marinade übergießen und darin wenden. 30 Minuten stehen lassen.

- 6. PILZE GRILLEN: Die Austernseitlinge in eine Alugrillschale geben und ca. 10 Minuten grillen. Dabei mehrfach wenden.

Süss-saure-Sauce

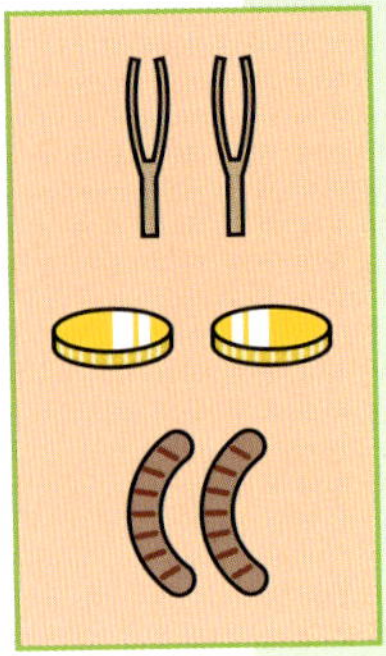

Süß-sauer steht ganz oben auf der Beliebtheitsskala asiatischer Saucen. Früchte – zumeist Ananas – sind in der Regel für die Süße zuständig, Essig sorgt für die Säure.

- ZUTATEN: 1 Frühlingszwiebel • 3 EL Ananasstücke (frisch oder aus der Dose) • 4 EL Blütenhonig • 4 EL helle Sojasauce • 4 EL Sherry • 2 EL Sesamöl • 2 EL Ketchup • 4 EL Obstessig • 75 ml kaltes Wasser • 2 TL Speisestärke • etwas Ananassaft

- 1. FRÜHLINGSZWIEBEL SCHNEIDEN: Die Zwiebel waschen, und den weißen Teil in sehr feine Ringe oder Streifen schneiden.

- 2. ANANAS ZERKLEINERN: Die einzelnen Ananasstücke recht klein schneiden.

Eigener Geschmack entscheidet

Das stimmige Verhältnis von süß und sauer hängt nicht nur von den verwendeten Zutaten – z.B. vom Essig und seinem Säuregehalt oder der speziellen Honigsorte – ab. Auch das individuelle Geschmacksempfinden spielt eine Rolle. Man kann den Geschmack aber leicht verändern: Soll die Sauce süßer werden, kann man Ananassaft zugeben, saurer wird sie durch mehr Essig, pikanter durch Sojasauce.

- 3. STÄRKE ANRÜHREN: Das Stärkepulver mit dem kalten Wasser glatt rühren.

- 4. FLÜSSIGKEITEN MISCHEN: Honig, Sojasauce, Sherry, Öl, Essig und Ketchup in einen Topf geben und verrühren.

- 5. GEMÜSE ZUGEBEN: Die Streifen der Frühlingszwiebel und die Ananasstücke hinzugeben.

- 6. MISCHUNG AUFKOCHEN: Die Mischung zum Kochen bringen und dann mit der Wasser-Stärke-Mischung abbinden.

BANANEN-CURRY-SAUCE

Eine fruchtige Curry-Sauce sollte auf keinem asiatischen Grillbüffet fehlen. Diese Sauce ist schnell gemacht und bekommt durch die Kokossahne eine besondere Note.

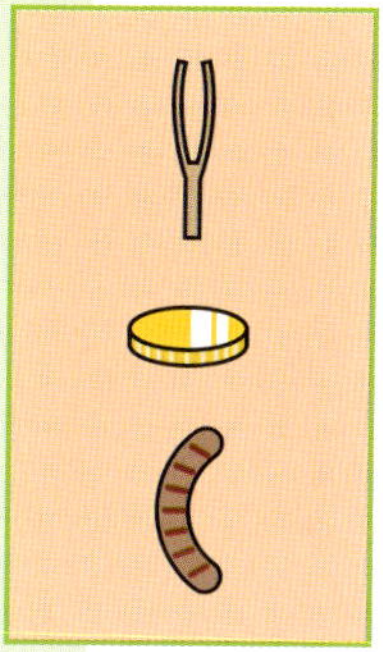

- ZUTATEN: 1 Banane • 2 EL Zitronensaft • 1 Becher Vollmilchjoghurt (150 g) • 50 ml Kokossahne oder -creme • 1 EL Curry

- 1. BANANE ZERDRÜCKEN: Die Banane schälen und mit einer Gabel fein zerdrücken. Mit Zitronensaft verrühren, damit sie nicht braun wird.

- 2. CREME ANRÜHREN: Joghurt und Kokossahne gut mit der Banane vermischen.

3. ABSCHMECKEN: Mit Currypulver abschmecken.

4. KÜHLEN: Die Sauce kann schon einige Stunden vor dem Servieren angerührt werden. Der Geschmack intensiviert sich während der Ruhezeit. Die Sauce ca. $^1/_2$ Stunde vor dem Essen aus dem Kühlschrank nehmen und nach Geschmack noch einmal nachwürzen.

Kokosmilch

Kokosmilch wird aus dem geraspelten Fleisch frischer Koskosnüsse oder aus Kokosflocken gewonnen. Kokossahne setzt sich an der Oberfläche ab, wenn man dicke Kokosmilch für einige Stunden in den Kühlschrank stellt. Sie kann dann vorsichtig abgeschöpft werden. Im Asiamarkt ist zudem auch fertige Kokoscreme erhältlich.

Erdnusssauce

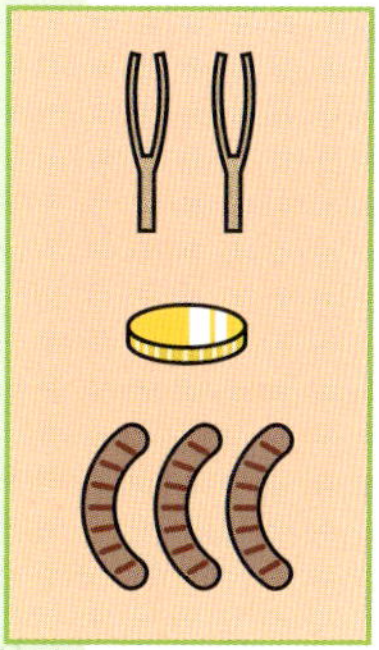

Erdnusssauce – auch Sate genannt – wird häufig zu Hühnerfleisch serviert, passt aber auch sehr gut zu den Schweinefilet-Spießen (siehe S. 266). Die Menge der einzelnen Zutaten kann nach Geschmack variiert werden. Wer es so zum Beispiel etwas schärfer mag, sollte die Kerne der Chilischote nicht entfernen.

Wurde das Fleisch – wie hier die Spieße – bereits mit Sojasauce mariniert, kann man diese bei der Erdnusssauce zunächst nur vorsichtig verwenden und später nach Bedarf nachwürzen.

ZUTATEN: 150 g geröstete Erdnüsse (ungesalzen) • 2 EL Pflanzenöl • 1 Zwiebel • 1 Knoblauchzehe • 1 rote Chilischote • 1 EL brauner Zucker • 1 EL Sojasauce • ca. 3 cm Ingwerwurzel • 2 TL gemahlener Koriander • 220 ml Kokosmilch (ungesüßt) • Salz • Pfeffer

Schnellere Variante

Wenn es schnell gehen soll, kann anstatt der Erdnüsse auch Erdnussbutter aus dem Glas verwendet werden. Alle weiteren Zutaten werden dann wie im Rezept angegeben verarbeitet. Allerdings sollte man beim Würzen mit Bedacht zu Werke gehen, da die Erdnussbutter bereits gewürzt ist und man leicht zu viel des Guten tut.

- 1. ERDNÜSSE MAHLEN: Die Erdnüsse in der Küchenmaschine grob mahlen.
- 2. ZWIEBEL UND KNOBLAUCH HACKEN: Die Zwiebel und den Knoblauch schälen und grob hacken.
- 3. CHILI SCHNEIDEN: Die Chilischote waschen, längs halbieren und die Kerne entfernen. Dann zunächst in sehr dünne Streifen schneiden und diese fein hacken.
- 4. INGWER REIBEN: Den Ingwer schälen und mit einer Küchenreibe fein reiben.
- 5. ANBRATEN: In einer Pfanne das Öl erhitzen, Knoblauch und Zwiebel darin glasig andünsten.
- 6. GEWÜRZE DÜNSTEN: Chili, Ingwer, Zucker, Sojasauce und Koriander hinzugeben und ca. 2 Minuten mitdünsten.
- 7. ERDNÜSSE ANBRATEN: Nun die gemahlenen Erdnüsse dazugeben und kurz mit der Gewürzmischung vermengen.
- 8. KOKOSMILCH ANGIESSEN: Mit der Kokosmilch ablöschen, den Herd auf niedrige Temperatur zurückschalten und die Masse einige Minuten einkochen lassen.

- 9. KONSISTENZ PRÜFEN: Wird die Masse zu fest, kann sie mit etwas heißem Wasser cremiger gerührt werden.

- 10. ABSCHMECKEN: Die Erdnusssauce mit Salz und Pfeffer abschmecken und abkühlen lassen.

Register der Rezepte

A

Austernseitlinge mit Basilikum-Marinade 287

B

Bananen-Curry-Sauce 293
Bratwurst 86
Braune Bohnen 240

C

Cevapcici 181
Chili Beans 240

D

Dicke Rippe 89
Dorade mit Orangen-Pfeffer-Marinade 138

E

Entenbrust mit Sherrymarinade 262
Erdnusssauce 295

F

Forelle im Speckmantel 96

G

Garnelenspieße 130
Gefüllte Auberginen 200
Gefüllte Tortillas 233
Gefüllte Weinblätter 198
Gefüllter Tintenfisch 188
Gegrillte Parasolpilze 109
Gegrillte Pilze 107
Gegrillter Maiskolben mit Kräuterbutter 235
Geröstetes Schmalzbrot „Topinky" 122
Glasierte Möhren 285
Glasnudelsalat mit scharfer Sauce 274
Griechische Kartoffeln 193
Griechischer Salat 195
Grüner Hering 98
Guacamole 249
Gurkensalat 112

H

Hamburger 224
Hasenfilet 94
Hot Chili Salsa 242

J
Joghurt-Minze-Sauce 205

K
Kalamarákia – kleine Tintenfische 187
Kartoffelpfanne 156
Kiopoulo-Aufstrich 120
Körnige Senfsauce 168
Krakauer 88

L
Lachssteak in Knoblauch 133
Lammfrikadellen mit Schafskäse 183
Lammkarree mit Lavendelmarinade 145
Lammkotelett mit Rosmarin 142
Lauwarmer Kartoffelsalat 105

M
Makrelenspieß 136
Melonensauce 247
Meerrettich-Sahne 123

O
Olivenbutter 207

P
Papageienfisch mit Zitronen-Ingwer-Marinade 269
Paprika-Auberginen-Aufstrich 120
Pilzragout 108
Porterhouse-Steaks 221

R
Ratatouille 158
Red Snapper 230
Rinderfilet 151, 265
Rinderhüftsteak mit Bierpfeffer 219
Rosmarin-Fladen 203
Rosmarinkartoffeln 155
Rotbarsch 100
Rote Meerbarbe mit Ziegenkäsefüllung 191
Roter Linsensalat 110
Rote Pfefferbutter 251
Roter Salat 116

Roter und schwarzer Reis 272
Rucola-Salat mit Parmesan 164

S
Salat mit Korianderdressing 283
Salsa Verde 170
Scharfer Krautsalat 238
Scharfer Sprossensalat 277
Scharfes Hühnchen 260
Schaschlik à la Gabriela 90
Schlesischer Kartoffelsalat 102
Schweinefilet-Spieß mit Soja-Marinade 266
Schweinespieß mit Salbei 179
Schweinesteak mit Spinatfüllung 92
Spareribs mit Honigmarinade 216
Speckpflaumenspieß 153
Süß saure Sauce 290
Süß-scharfes Kürbismus 244

T
Tomaten-Mozarella-Salsa 166
Tri-Tip Santa Maria Style 227
Tsatsiki 208

U
Ungarischer Sommersalat 114
Ungarisches Schopfbrot 118

Z
Zitronen-Basilikum-Hühnchen 148
Zucchini-Röllchen 161

Sachregister

A
Antipasti 129
Auberginen 120, 200
Austernseitlinge 287
Azado 16

B
Bratwurst 82, 87
Briketts 23
Burger 224
Bürgermeisterstück 227

C
Checkliste Grillparty 40

D
Daumen-Garprobe 46
Desserts 41
Dicke Rippe 89
Dorade 138
Dreibeingrill 13

E
Einkauf 42
Elektrogrills 20
Ente 262
Erdnüsse 295

F
Fertigsaucen 79
Fisch 60
Fischkörbe 33
Fladenbrot 202
Flüssiganzünder 25
Forelle 96

G
Garnelen 131
Garprobe bei Fisch 66
Garprobe bei Fleisch 46
Garstufen 46
Gasgrills 18
Geflügel 52
Gefülltes Geflügel 92
Gemüse 68
Gesundheit 30
Glasnudeln 274
Glut 26
Grillanzünder 25
Grillbesteck 32

Grillkamine 15
Grillkauf 13
Grillspieße 34
Grillwagen 15
Grillzange 32

H
Hasenfilet 94
Hefebrot 118
Hering 99
Holzkohle 23
Holzkohlegrills 12
Hühnchen 148, 260

I
Indirektes Grillen 14, 17

K
Kalbfleisch 48
Kartoffeln 72, 155, 156, 193
Kartoffelsalat 84, 103, 105
Keramikbriketts 19
Knoblauch zerdrücken 73
Kokosmilch 294
Kokosnussschalen 24
Koriander 283
Krakauer 88
Kugelgrill 14

L
Lachs 133
Lager 215
Lammfleisch 56, 142, 145, 183
Lavasteine 19

M
Meilerverfahren 23
Maiskolben 235
Makrelen 136
Marinaden 71, 74
Meerbarbe 191
Meeresfrüchte 67

O
Offene Feuerstelle 13

P
Papageienfisch 269
Parasolpilze 109
Pilze 107
Planta 18

Porterhouse-Steak 221

R
Rechtliche Aspekte 20
Red Snapper 230
Reinigen 35
Reis 272
Retortenverfahren 23
Rinderfilet 151, 264
Rindfleisch 44
Rotbarsch 100
Roter Pfeffer 252

S
Salsa 242
Saucen 74
Säulengrill 14
Schmalzbrot 122
Schweinefilet 266
Schweinefleisch 48
Schweinespieß 51, 179
Schwenkgrill 14
Senf 169
Sicherheitsregeln 28
Smoker 16
Steakarten 45

T
Tintenfisch 187, 189
Tortillas 232

W
Weinblätter 198
Wild 58

Z
Zubehör 32
Zucchini 161

Bildquellen

Alle Fotos Medien Kommunikation, Tobias Pehle, Unna, bis auf: S. 13: Jürgen Schossig, Kandern; S. 16: Arnd Kaiser, Hamburg; S. 20: Severin Elektrogeräte GmbH, Sundern; S. 21 & 198-199: Weber-Stephen Deutschland GmbH, Ingelheim

Für die Unterstützung bedanken wir uns bei: Weber-Stephen Deutschland GmbH, www.weber.com; Paul Rump oHG Fisch- und Feinkostgroßhandel, Dortmund; sowie bei: Anna, Mandy, Margot, Suse, Arnd, Johannes und Kai.

Chef-Koch: Roger Kimpel
Mitarbeit: Astrid Kimpel, Carola Struck, Mathias Hinkerode